प्रतिनिधि कविताएँ

अमृता प्रीतम

राजकमल पेपरबैक्स

राजकमल पेपरबैक्स में
पहला संस्करण : 1983
चौदहवाँ संस्करण : 2025

राजकमल पेपरबैक्स : उत्कृष्ट साहित्य के जनसुलभ संस्करण

राजकमल प्रकाशन प्रा.लि.
1-बी, नेताजी सुभाष मार्ग, दरियागंज
नई दिल्ली-110 002
द्वारा प्रकाशित

शाखाएँ : अशोक राजपथ, साइंस कॉलेज के सामने, पटना-800 006
पहली मंजिल, दरबारी बिल्डिंग, महात्मा गांधी मार्ग, प्रयागराज-211 001
1, अनमोल सोराबजी संतुक लेन, धोबी तलाव, मरीन लाइंस, मुम्बई-400 002
वेबसाइट : www.rajkamalprakashan.com
ई-मेल : info@rajkamalprakashan.com

बी.के. ऑफसेट
नवीन शाहदरा, दिल्ली-110 032
द्वारा मुद्रित

मूल्य : ₹ 199

PRATINIDHI KAVITAYEN
Representative Poems of Amrita Pritam

ISBN : 978-81-267-0046-2

अमृता प्रीतम

अमृता प्रीतम का जन्म 31 अगस्त, 1919 को गुजराँवाला, पंजाब में हुआ।

बचपन और शिक्षा लाहौर में। किशोरावस्था से ही काव्य-रचना की ओर प्रवृत्ति। बँटवारे से पहले लाहौर से प्रकाशित होनेवाली मासिक पत्रिका 'नई दुनिया' का सम्पादन किया, फिर 'नागमणि' नामक पंजाबी मासिक निकाला। कुछ दिनों तक आकाशवाणी, दिल्ली से सम्बद्ध रहीं।

अब तक तीन दर्जन से अधिक पुस्तकें मूल पंजाबी में प्रकाशित, जिनमें से दो-तीन को छोड़कर प्राय: सभी पुस्तकों के हिन्दी अनुवाद। कुछ अन्य भारतीय भाषाओं के अतिरिक्त रूसी, जर्मन आदि यूरोपीय भाषाओं में भी रचनाएँ अनूदित।

उनकी प्रमुख प्रकाशित पुस्तकें हैं—'धूप का टुकड़ा', 'काग़ज़ और कैनवस' (कविता-संग्रह); 'रसीदी टिकट', 'दस्तावेज़' (आत्मकथा); 'डॉक्टर देव', 'पिंजर', 'घोंसला', 'एक सवाल', 'बुलावा', 'बन्द दरवाज़ा', 'रंग का पत्ता', 'एक थी अनीता', 'धरती, सागर और सीपियाँ', 'दिल्ली की गलियाँ', 'जलावतन', 'जेबकतरे', 'पक्की हवेली', 'आग की लकीर', 'कोई नहीं जानता', 'यह सच है', 'एक ख़ाली जगह', 'तेरहवाँ सूरज', 'उनचास दिन', 'कोरे काग़ज़', 'हरदत्त का ज़िन्दगीनामा' (उपन्यास); 'अन्तिम पत्र', 'लाल मिर्च', 'एक लड़की एक जाम', 'हीरे की कनी', 'पाँच बरस लम्बी सड़क', 'एक शहर की मौत', 'तीसरी औरत', 'यह कहानी नहीं', 'अक्षरों की छाया में' (कहानी)।

उन्हें 'साहित्य अकादेमी पुरस्कार' और 'ज्ञानपीठ पुरस्कार' से सम्मानित किया गया।

निधन : 31 अक्टूबर, 2005

इमरोज़ के नाम

क्रम

वाह सजन !

सच तू—सुपना भी तू
ग़ैर तू—अपना भी तू
वाह सजन···वाह सजन !

ख़ुदा का इक अन्दाज़ तू
औ' फ़जर की नमाज़ तू
जग का इनकार तू
औ' अज़ल का इक़रार तू
वाह सजन···वाह सजन !

फ़ानी हुस्न का नाज़ तू
रूह की इक आवाज़ तू
जोग का इक राह भी तू
इश्क़ की दरगाह भी तू
वाह सजन···वाह सजन !

आशिक़ की इक सदा भी तू
अल्लाह की इक रज़ा भी तू
यह सारी कायनात तू
ख़ुदा की मुलाक़ात तू
वाह सजन···वाह सजन !

अल्लाह !

अल्लाह ! यह कौन आया है
कि तेरी जगह ज़बान पर
अब उसका नाम आया है···

अल्लाह ! यह कौन आया है
कि लोग कहते हैं
मेरी तक़दीर के घर से
मेरा पैग़ाम आया है···

अल्लाह ! यह कौन आया है
यह नसीब धरती के
कि उसके हुस्न को
खुदा का इक सलाम आया है···

अल्लाह ! यह कौन आया है
यह दिन मुबारक है
कि मेरी ज़ात पर
अब इश्क़ का इलज़ाम आया है···

अल्लाह ! यह कौन आया है
नज़र भी हैरान है
कि आज मेरी राह में
यह कैसा मुक़ाम आया है···

अल्लाह ! यह कौन आया है

कि तेरी जगह ज़बान पर
अब उसका नाम आया है···

इश्क

कमीना···बेवफ़ा···बदज़ात···ज़ालिम
कम्बख़्त तुम याद आते हो
तो कितने ही लफ़्ज़—
मेरी छाती की आग चाटते
आग थूकते
मेरे मुंह से निकलते···

बदन का मांस
जब गीली मिट्टी की तरह होता
तो सारे लफ़्ज़—
मेरे सूखे हुए होंटों से झरते
और मिट्टी में
बीजों की तरह गिरते···

मैं थकी हुई धरती की तरह
ख़ामोश होती
तो निगोड़े
मेरे अंगों में से उग पड़ते
निर्लज्ज
फूलों की तरह हँसते
और मैं—

एक काले कोस जैसी
महक महक जाती···

जनम जली

दु:खों की साइत शायद बहुत भारी है
यह संजोग बली
मैं तो जनम जली

बिरहा के द्वार पर बधाई बजी है
देने शगुन चली
मैं तो जनम जली

मेरे तन के फूल से मन की सुगन्धी
उड़ी,—कहाँ चली
मैं तो जनम जली

शायद तेरे इश्क़ ने भेस बदला है
मेरी उम्र छली
मैं तो जनम जली

तेरे लिए मैंने दुनिया छान ली
तेरी कवन गली
मैं तो जनम जली

होंटों के बाग़ों में सिर्फ़ ठण्डी साँसें हैं
उसमें चम्पा की कली
मैं तो जनम जली

आँखों की टहनी पर आँसू पक गये हैं
चख लो दर्द-फली
मैं तो जनम जली

मैं....

आसमान जब भी रात का
और रोशनी का रिश्ता जोड़ते हैं
सितारे मुबारकबाद देते हैं
क्यों सोचती हूँ मैं
अगर कहीं...
मैं, जो तेरी कुछ नहीं लगती...

जिस रात के होंटों ने कभी
सपने का माथा चूमा था
सोच के पैरों में उस रात से
इक पायल-सी बज रही है...

इक बिजली जब आसमान में
बादलों के वर्क़ उलटती है
मेरी कहानी भटकती है—
आदि ढूँढ़ती है, अन्त ढूंढ़ती है...

तेरे दिल की एक खिड़की
जब कहीं बज उठती है
सोचती हूँ, मेरे सवाल की
यह कैसी जुर्रत है !

हथेलियों पर
इश्क़ की मेंहदी का कोई दावा नहीं
हिज्र का एक रंग है
और तेरे ज़िक्र की एक खुशबू···

मैं, जो तेरी कुछ नहीं लगती···

दावत

रात-कुड़ी ने दावत दी
सितारों के चावल फटक कर
यह देग़ किसने चढ़ा दी

चाँद की सुराही कौन लाया
चाँदनी की शराब पीकर
आकाश की आँखें गहरा गयीं

धरती का दिल धड़क रहा है
सुना है आज टहनियों के घर
फूल मेहमान हुए हैं

आगे क्या लिखा है
अब इन तक़दीरों से
कौन पूछने जायेगा···

उम्र के काग़ज़ पर—
तेरे इश्क़ ने अँगूठा लगाया,
हिसाब कौन चुकायेगा !

क़िस्मत ने इक नग़मा लिखा है
कहते हैं कोई आज रात
वही नग़मा गायेगा

कल्प-वृक्ष की छाँव में बैठकर
कामधेनु के छलके दूध से
किसने आज तक दोहनी भरी !

हवा की आहें कौन सुने,
चलूँ, आज मुझे
तक़दीर बुलाने आयी है···

आवाज

बरसों की राहें चीरकर
तेरा स्वर आया है
सस्सी के पैरों को जैसे
किसी ने मरहम लगाया है

आज किसी के सर से
जैसे हुमा गुज़र गया
चाँद ने रात के बालों में
जैसे फूल टाँक दिया

नींद के होंटों से जैसे
सपने की महक आती है
पहली किरण जैसे रात की
माँग में सिन्दूर भरती है

हर एक हर्फ़ के बदन से
तेरी महक आती रही
मुहब्बत के पहले गीत की
पहली सतर गाती रही

हसरत के धागे जोड़कर
हम ओढ़नी बुनते रहे
बिरहा की हिचकी में भी हम
शहनाई को सुनते रहे

रोज़ी

नीले आसमान के कोने में
रात-मिल का साइरन बोलता है
चाँद की चिमनी में से
सफ़ेद गाढ़ा धुआँ उठता है

सपने—जैसे कई भट्ठियाँ हैं
हर भट्ठी में आग झोंकता हुआ
मेरा इश्क़ मज़दूरी करता है

तेरा मिलना ऐसे होता है
जैसे कोई हथेली पर
एक वक़्त की रोज़ी रख दे।

जो ख़ाली हँडिया भरती है
राँध-पकाकर अन्न परसकर
वही हाँडी उलटा रखता है

बची आँच पर हाथ सेकता है
घड़ी पहर को सुस्ता लेता है
और खुदा का शुक्र मनाता है।

रात-मिल का साइरन बोलता है
चाँद की चिमनी में से
धुआँ इस उम्मीद पर निकलता है

जो कमाना है वही खाना है
न कोई टुकड़ा कल का बचा है
न कोई टुकड़ा कल के लिए है···

धूप का टुकड़ा

मुझे वह समय याद है—
जब धूप का एक टुकड़ा
सूरज की उँगली थामकर
अँधेरे का मेला देखता
उस भीड़ में खो गया…

सोचती हूँ : सहम का
और सूनेपन का एक नाता है
मैं इसकी कुछ नहीं लगती
पर इस खोये बच्चे ने
मेरा हाथ थाम लिया…

तुम कहीं नहीं मिलते
हाथ को छू रहा है
एक नन्हा-सा गर्म श्वास
न हाथ से बहलता है
न हाथ को छोड़ता है…

अँधेरे का कोई पार नहीं
मेले के शोर में भी
एक ख़ामोशी का आलम है
और तुम्हारी याद इस तरह
जैसे धूप का एक टुकड़ा…

याद

आज सूरज ने कुछ घबराकर
रोशनी की एक खिड़की खोली
बादल की एक खिड़की बन्द की
और अँधेरे की सीढ़ियाँ उतर गया

आसमान की भवों पर
जाने क्यों पसीना आ गया
सितारों के बटन खोलकर
उसने चाँद का कुर्त्ता उतार दिया

मैं दिल के एक कोने में बैठी हूँ,
तुम्हारी याद इस तरह आयी---
जैसे गीली लकड़ी में से
गाढ़ा कड़ुवा धुआँ उठे

साथ हज़ारों खयाल आये
जैसे सूखी लकड़ी—
सुर्ख़ आग की आहें भरे,
दोनों लकड़ियाँ अभी बुझाई हैं

वर्ष कोयलों की तरह बिखरे हुए
कुछ बुझ गये, कुछ बुझने से रह गये
वक़्त का हाथ जब समेटने लगा
पोरों पर छाले पड़ गये

तेरे इश्क़ के हाथ से छूट गयी
और ज़िन्दगी की हँडिया टूट गयी
इतिहास का मेहमान
चौके से भूखा उठ गया···

तू नहीं आया

चैत ने करवट ली,
रंगों के मेले के लिए
फूलों ने रेशम बटोरा—
तू नहीं आया

दोपहरें लम्बी हो गयीं,
दाखों को लाली छू गयी
दराँती ने गेहूँ की बालियाँ चूम लीं—
तू नहीं आया

बादलों की दुनिया छा गयी,
धरती ने दोनों हाथ बढ़ाकर
आसमान की रहमत पी ली—
तू नहीं आया

पेड़ों ने जादू कर दिया,
जंगल से आयी हवा के
होंटों में शहद भर गया—
तू नहीं आया

ऋतु ने एक टोना कर दिया,
चाँद ने आकर
रात के माथे झूमर लटका दिया—
तू नहीं आया

आज तारों ने फिर कहा,
उम्र के महल में अब भी
हुस्न के दीये जल रहे हैं—
तू नहीं आया

किरणों का झुरमुट कहता है,
रातों की गहरी नींद से
रोशनी अब भी जागती है—
तू नहीं आया

बातें

आ साजन, आज बातें कर लें…

तेरे दिल के बाग़ों में
हरी चाह की पत्ती-जैसी
जो बात जब भी उगी,
तूने वही बात तोड़ ली

हर इक नाज़ुक बात छुपा ली,
हर इक पत्ती सूखने डाल दी

मिट्टी के इस चूल्हे में से
हम कोई चिनगारी ढूँढ़ लेंगे
एक-दो फूंकें मार लेंगे
बुझती लकड़ी फिर से बाल लेंगे

मिट्टी के इस चूल्हे में
इश्क़ की आँच बोल उठेगी
मेरे जिस्म की हँडिया में
दिल का पानी खौल उठेगा

आ साजन, आज खोल पोटली···

हरी चाय की पत्ती की तरह
वही तोड़-गँवाई बातें
वही सँभाल सुखायी बातें
इस पानी में डालकर देख,
इसका रंग बदलकर देख

गर्म घूंट इक तुम भी पीना,
गर्म घूंट इक मैं भी पी लूं
उम्र का ग्रीष्म हमने बिता दिया,
उम्र का शिशिर नहीं बीतता

आ साजन, आज बातें कर लें···

जाड़ा

मेरी जान ठिठुर रही है,
होंट नीले पड़ गये हैं
आत्मा के पैर की तरफ़ से
कँपकँपी छूट रही है

इस उम्र के आसमान पर,
बरसों के बादल गरज रहे हैं
क़ानून-जैसे बर्फ़ के गोले
मेरे आँगन में गिर रहे हैं

कीचड़ भरी गलियाँ पार करके
जो तुम कहीं आ जाओ,
मैं तुम्हारे पैर धो दूँ

तुम्हारा सूरज का-सा बुत—
कम्बल का किनारा उठाकर
मैं हाथ-पाँव सेंक लूँ

एक कटोरा धूप का
मैं एक साँस में पी लूँ
और एक टुकड़ा धूप का
मैं अपनी कोख में रख लूँ

और इस तरह शायद
जन्म-जन्म का जाड़ा बीत जाये…

सवेरा

समय की दीवार बहुत ऊँची
लम्बी तंग और अँधियारी
रात जैसे काठ की सीढ़ी

लचकती गोल फिसलनी
हादसों की कई सीढ़ियाँ
जिस सीढ़ी पर पाँव टिकाती
उससे अगली सीढ़ी थामती
एक सुबह ऊपर को चढ़ती

अम्बर-आशिक़ औंधा बैठा
आज धुन्ध का हुक्का पीये
सूरज का एक कोयला लेकर
लीकें खींचे और बुझाये

फिर पूरब की खाट झाड़ता
बादल जैसे कई सिलवटें
नीली चादर झाड़ बिछाता
और सुबह की राह देखता

हाथ किसी का कब छूटा
पाँव किसी का कब फिसला
बात जिस तरह बिल्कुल गूंगी
बात जिस तरह बिल्कुल बहरी

पूरब की खटिया ख़ाली है
कोई सुबह आज नहीं आयी
अम्बर बौरा ढूंढ़ रहा है
धरती की हर ख़न्दक-खाई

आग की बात

यह आग की बात है,
तूने यह बात सुनायी थी
यह ज़िन्दगी की वही सिगरेट है
जो तूने कभी सुलगायी थी

चिनगारी तूने दी थी,
यह दिल सदा जलता रहा
वक़्त क़लम पकड़कर
कोई हिसाब लिखता रहा

चौदह मिनट हुए हैं
इसका खाता देखो
चौदह साल हुए हैं
इस क़लम से पूछो

मेरे इस जिस्म में
तेरा श्वास चलता रहा
धरती गवाही देगी
धुआँ निकलता रहा

उम्र की सिगरेट जल गयी,
मेरे इश्क़ की महक —
कुछ तेरी साँसों में
कुछ हवा में मिल गयी

देखो यह आख़िरी टुकड़ा है
उँगलियों में से छोड़ दो
कहीं मेरे इश्क़ की आँच
तुम्हारी उंगली को न छू ले

ज़िन्दगी का अब ग़म नहीं
इस आग को सँभाल ले
तेरे हाथ की ख़ैर मांगती हूँ
अब और सिगरेट जला ले !

निवाला

जीवन-बाला ने कल रात
सपने का इक निवाला तोड़ा
जाने यह ख़बर किस तरह
आसमान के कानों तक जा पहुँची

बड़े पंखों ने यह खबर सुनी
लम्बी चोंचों ने यह ख़बर सुनी
तेज़ ज़बानों ने यह ख़बर सुनी
तीखे नाखूनों ने यह ख़बर सुनी

इस निवाले का बदन नंगा,
ख़ुशबू की ओढ़नी फटी हुई
मन की ओट नहीं मिली
तन की ओट नहीं मिली

एक झपट्टे में निवाला छिन गया,
दोनों हाथ जख्मी हो गये
गालों पर ख़राशें आयीं
होंटों पर नाखूनों के निशान

मुँह में निवाले की जगह
निवाले की बातें रह गयीं
और आसमान में काली रातें
चीलों की तरह उड़ने लगीं···

नागमणि

गहरा घना अक़्ल का जंगल
ज्ञान वृक्ष चन्दन का जैसे
मन का साँप कौड़ियोंवाला

माथे में एक मणि चमकती
और हवा में फण फैलाया

धीमे पाँव सपेरा आया
होंटों पर एक बीन इश्क़ की
हाथ आस की बन्द पिटारी
कच्चा दूध मुहब्बतवाला
मन का साँप पिटारी पाया···

बैठ सपेरा एक चौराहे
बीन बजाये साँप खिलाये
कभी साँप को गले लगाये
हँसे राग और विष रोये
सारा लोक तमाशे आया···

कम्पन

आज धरित्री व्रत खोलेगी
दिल की थाली कैसे परसूँ
गीतों का यह धान कूटते
काँप रही है ओखली

क़िस्मत ने है रुई पिंजाई
ज्यों-ज्यों चर्ख़ा गूंज सुनायें
काँप रही है साँस-जुलाहिन
काँप रही है तकली

आज गगन की सीढ़ी काँपे
तारे उतरें एक-एक कर
मन के किन महलों में सहसा
मची हुई है खलबली

किस पापी ने तीर चलाया
इश्क़ का जंगल सहम गया है
डरते-डरते भाग गयी है
यादों की मिरगावली

दावत

अक़्ल इल्म की माटी भीगी
क़लम मेरी कुम्हारिन हुई
गीत जिस तरह जाम, चाक से—
अभी-अभी हों गये उतारे

दिल की भट्ठी आग जलाई
दोनों हाथों उमर ख़र्च कर
एक शराब हज़ार-आतशा
महफ़िल में हम लेकर आये

सदियों ने निःश्वास लिया इक
कैसा शाप दिया है हमको
जीवन-बाला रूठ गयी है
एक घूंट न होंट छुआये

इस दावत को क्या संज्ञा दें
इश्क़-शराब इस तरह लगती
हर इक जाम की आँखों में हों
जैसे कुछ आंसू भर आये

कुफ्र

आज हमने एक दुनिया बेची
और एक दीन ख़रीद लिया
हमने कुफ्र की बात की

सपनों का एक थान बुना था
एक गज़ कपड़ा फाड़ लिया
और उम्र की चोली सी ली

आज हमने आसमान के घड़े से
बादल का ढकना उतारा
और एक घूंट चाँदनी पी ली

यह जो एक घड़ी हमने
मौत से उधार ली है
गीतों से इसका दाम चुका देंगे

एक मुकाम

क़लम ने आज गीतों का क़ाफ़िया तोड़ दिया
मेरा इश्क़ यह किस मुक़ाम पर आ गया है

देख नज़र वाले, तेरे सामने बैठी हूँ
मेरे हाथ से हिज्र का काँटा निकाल दे

जिसने अँधेरे के अलावा कभी कुछ नहीं बुना
वह मुहब्बत आज किरणें बुनकर दे गयी

उठो, अपने घड़े से पानी का एक कटोरा दो
राह के हादसे मैं इस पानी से धो लूंगी···

रोशनी

हिज्र की इस रात में
कुछ रोशनी-सी आ रही है
शायद याद की बत्ती
कुछ और ऊँची हो गयी है···

एक हादसा, एक जख्म
और एक टीस दिल के पास थी

रात को सितारों की रक़म
इन्हें जरब दे गयी···

नज़र के आसमान से
सूरज कहीं दूर चला गया
पर अब भी चाँद में
उसकी खुशबू आ रही है···

तेरे इश्क़ की एक बूंद
इसमें मिल गयी थी
इसलिए मैंने उम्र की
सारी कड़वाहट पी ली···

एक बात

सुच्चे दूध जैसी मेरी मुहब्बत
चिट्टे चावल बरसों के
मांजी-धुली दिल की हांडी
दुनिया जैसे गीली लकड़ी
सारी वस्तु धुआंख गयी है···

रात जैसे पीतल की कटोरी है
चाँद की सफ़ेद कलई उतर गयी है
कल्पना पितला गयी है
सपना कसला गया है
और सारी नींद कड़वा गयी है···

ज़िन्दगी के हाथ में
यादें जैसे सँकरी अँगूठी
उँगली में कसक पड़ गयी
समय के सुनार से
रेती जैसे खो गयी है···

इश्क़ का बदन ठिठुर रहा है
गीत का कुर्ता कैसे सीऊँ
ख़यालों का धागा उलझ गया है
क़लम की सुई टूट गयी है
और सारी बात खो गयी है···

खुशी

दूर कहीं से आवाज़ आयी—
आवाज़ जैसे तेरी हो
कानों ने गहरी साँस ली
जीवन-बाला काँप उठी

मासूम खुशी हाथ छुड़ाकर
दोनों नन्हीं बाँहें फैलाकर
एक बालिका की तरह
नंगे पाँव भाग उठी

पहला काँटा संस्कार का
दूसरा काँटा लोक-लाज का

तीसरा काँटा धन-दौलत का
ख़तरे जैसे कितने काँटे···

तलवों से काँटे निकालती
पोर दबाती लहू पोंछती
मीलों-कोसों लँगड़ाती हुई
मासूम ख़ुशी वहाँ आ पहुँची

अगला पाँव आगे को बढ़े
पिछला पाँव पीछे को मुड़े
आवाज़ जैसे बिल्कुल तेरी
नज़र जैसे बिल्कुल बेगानी

असमंजस का तीखा काँटा
एड़ी में इस तरह चुभ गया
अक़्ल इल्म के नाख़ून हार गये,
जाने काँटा कहाँ तक उतर गया

सारा पाँव सूज गया है,
ज़हर-सा फैल रहा है
हैरान-परेशान ज़मीन पर बैठी
मासूम ख़ुशी रो उठी है···

साल मुबारक !

जैसे सोच की कंघी में से
एक दंदा टूट गया
जैसे समझ के कुर्ते का
एक चीथड़ा उड़ गया
जैसे आस्था की आँखों में
एक तिनका चुभ गया
नींद ने जैसे अपने हाथों में
सपने का जलता कोयला पकड़ लिया
नया साल कुछ ऐसे आया…

जैसे दिल के फ़िक़रे से
एक अक्षर बुझ गया
जैसे विश्वास के कागज़ पर
सियाही गिर गयी
जैसे समय के होंटों से
एक गहरी साँस निकल गयी
और आदमजात की आँखों में
जैसे एक आँसू भर आया
नया साल कुछ ऐसे आया…

जैसे इश्क़ की ज़बान पर
एक छाला उठ आया
सभ्यता की बाँहों में से
एक चूड़ी टूट गयी
इतिहास की अँगूठी में से
एक नीलम गिर गया

और जैसे धरती ने आसमान का
एक बड़ा उदास-सा ख़त पढ़ा
नया साल कुछ ऐसे आया···

दूध की बूंद

मेरी मौत, इक पुरानी बात है
कभी-कभी उठती हूँ, सोचती हूँ—
चलूँ, नदी में फूल डाल आऊँ
लाश का क़र्ज़ उतार आऊँ
हर घटना समझा सकती हूँ
यह घटना समझा नहीं सकती

लाश को एक लाश की भूख होती है
लाश की कोख बाँझ नहीं होती

लाश की कोख हार जाती है
मर चुकी कोख को ममता मारती है

लाश का क़र्ज़ उतार सकती हूँ—
कोख का क़र्ज़ कैसे उतारूँ ?

कभी-कभी उठती हूं, सोचती हूं
कोख का बही-खाता फाड़ दूं
अपने दस्तख़त आप ही छुपा लूं
इस क़र्ज़ से मुकर जाऊँ

उठती हूँ, दहलीज़ पर पाँव रखती हूँ
कोख की चोरी मुझे मारती है
और मेरी लाश की छाती से
दूध की एक बूंद टपक पड़ती है

दहलीज़ अपनी जगह से हिल जाती है
उसकी जगह पैर टिक जाता है
आँसुओं को कोई तैर सकता है
दूध की बूंद कोई कैसे पार करे ?

रात मेरी

मेरी रात जाग रही है
तेरा ख़याल सो गया···

सूरज का पेड़ खड़ा था
किसी ने किरणें तोड़ लीं
और किसी ने चाँद का गोटा
आसमान से उधेड़ दिया

किसी की नींद को
सपनों ने क्यों बुलावा दिया
सितारे खड़े रह गये,
आसमान ने दरवाज़ा बन्द कर दिया

मेरे इश्क़ के ज़ख्म तेरी याद ने सिये थे
आज मैंने टाँके खोलकर
वह धागा तुझे लौटा दिया

तेरे इश्क़ की पाक किताब
कितनी दर्दनाक है
आज मैंने इन्तज़ार का सफ़ा
इसमें से फाड़ दिया

धरती ने गहरी सांस ली
आसमान ने सिसकी भरी
फूलों का एक क़ाफ़िला था
आज वह रेगिस्तान से गुज़रा

गेहूँ की एक खुशबू थी
आज बारूद ने पी ली
अमन का एक ईमान था
वह भी कहीं बिक रहा

दुनिया की रोशनी से
सदियाँ शिकवा करती हैं
इस मुहब्बत के मौसम में
तुमने नफ़रत को कैसे बो दिया

यह इनसान का खून है
इनसान से सवाल करता है :
ईसा के पाक होंटों को
सूली ने कैसे चूम लिया !

यह किस तरह की रात थी,
आज जब भागकर गुज़री
चाँद का इक फूल था,
पैरों तले रौंदा गया

सूरज का घोड़ा हिनहिनाया,
रोशनी की काठी उतर गयी
उमर का सफ़र तय करता
धरती का मुसाफ़िर रो दिया

यह रात आज क्यों ठिठक गयी,
सियाही भी कुछ काँप रही
कहीं किसी विश्वास का
शायद जुगनू चमक उठा

रात की आँख फड़कती है---
यह शायद अच्छा शगुन है
आसमान की ऊँची दीवार पर
रोशनी का एक तिनका चमक उठा

कोई टहनी क्या करे !
फूलों की ममता सताती है
इनसान की तक़दीर ने
आज इनसान से कहा :
हुस्न और इश्क़वालो,
जाओ ! लौट जाओ !
विश्वास का एक यात्री
जहाँ कहीं भी चला गया।

दाग

मुहब्बत की कच्ची दीवार
लिपी हुई, पुती हुई
फिर भी इसके पहलू से
रात एक टुकड़ा टूट गिरा

बिल्कुल जैसे सूराख़ हो गया
दीवार पर दाग़ पड़ गया···

यह दाग़ आज रूँ रूँ करता,
यह दाग़ आज होंट बिसूरे
यह दाग़ आज ज़िद करता है,
यह दाग़ कोई बात न माने

टुकुर टुकुर मुझको देखे,
अपनी माँ का मुँह पहचाने
टुकुर टुकुर तुझको देखे,
अपने बाप की पीठ पहचाने

टुकुर टुकुर दुनिया को देखे,
सोने के लिए पालना माँगे,
दुनिया के कानूनों से
खेलने को झुनझुना माँगे

माँ ! कुछ तो मुँह से बोल
इस दाग़ को लोरी सुनाऊँ

बाप ! कुछ तो कह,
इस दाग़ को गोद मैं ले लूँ

दिल के आँगन में रात हो गयी,
इस दाग़ को कैसे सुलाऊँ !
दिल की छत पर सूरज उग आया
इस दाग़ को कहाँ छुपाऊँ !

अन्नदाता

अन्नदाता !
मेरी ज़बान पर तुम्हारा नमक है
तुम्हारा नमक
मेरे बाप के होंटों पर
और मेरे इस बुत में
मेरे बाप का खून है···

मैं कैसे बोलूं ?
मेरे बोलने से पहले
तेरा अनाज बोल पड़ता है
कुछ-एक बोल थे,
पर हम अनाज के कीड़े !
और अनाज के भार तले
वे बोल दबकर रह गये···

अन्नदाता ! मेरे माता-पिता कामगर,
कामगर की सन्तान कामगर
कामगर का काम सिर्फ़ काम
बाक़ी भी तो काम
यही चाम करता है,
वह भी एक काम,
यह भी एक काम

अन्नदाता ! मैं माँस की गुड़िया
खेल ले, खिला ले
लहू का प्याला, पी ले, पिला ले
तेरे सामने खड़ी हूँ
इस्तेमाल की चीज़, कर लो इस्तेमाल !

उगी हूँ, पिसी हूँ, बेलन से बिली हूँ
आज गर्म तवे पर जैसे चाहो उलट लो !
मैं एक निवाले से बढ़कर कुछ नहीं,
जैसे चाहो निगल लो !
तुम लावे से बढ़कर कुछ नहीं,
जैसे चाहो पिघल लो !
लावे में लपेट लो !
क़दमों में खड़ी हूँ, बाँहों में समेट लो !

अन्नदाता !
मेरी जबान और इनकार ?
यह कैसे हो सकता है !
हाँ प्यार…
यह तेरे मतलब की शै नहीं।

अश्वमेध यज्ञ

एक चैत की पूनम थी
कि दूधिया श्वेत मेरे इश्क़ का घोड़ा
देश और विदेश में विचरने चला···

सारा शरीर सच-सा श्वेत
और श्यामकर्ण विरही रंग के···

एक स्वर्णपत्र उसके मस्तक पर
'यह दिग्विजय का घोड़ा—
कोई सबल है तो इसे पकड़े और जीते'

और जैसे इस यज्ञ का एक नियम है
वह जहाँ भी ठहरा
मैंने गीत दान किये
और कई जगह हवन रचा
सो जो भी जीतने को आया वह हारा।

आज उमर की अवधि चुक गयी है
यह सही-सलामत मेरे पास लौटा है,
पर कैसी अनहोनी—
कि पुण्य की इच्छा नहीं,
न फल की लालसा बाक़ी
यह दूधिया श्वेत मेरे इश्क़ का घोड़ा
मारा नहीं जाता—मारा नहीं जाता

बस यही मलामत रहे,
पूरा रहे !
मेरा अश्वमेध यज्ञ अधूरा है,
अधूरा रहे !

नागपंचमी

मेरा बदन एक पुराना पेड़ है···
और तेरा इश्क़ नागवंशी—
युगों से मेरे पेड़ की
एक खोह में रहता है।

नागों का बसेरा ही पेड़ों का सच है
नहीं तो ये टहनियाँ और बौर-पत्ते-
देह का बिखराव होता है···

यूं तो बिखराव भी प्यारा
अगर पीले दिन झड़ते हैं
तो हरे दिन उगते हैं
और छाती का अँधेरा
जो बहुत गाढ़ा है
—वहाँ भी कई बार फूल जगते हैं।

और पेड़ की एक टहनी पर—
जो बच्चों ने पेंग डाली है
वह भी तो देह की रौनक़···

देख इस मिट्टी की बरकत—
मैं पेड़ की योनि में आगे से दूनी हूं
पर देह के बिखराव में से
मैंने घड़ी भर वक्त निकाला है

और दूध की कटोरी चुराकर
तुम्हारी देह पूजने आयी हूं···

यह तेरे और मेरे बदन का पुण्य है
और पेड़ों को लगी बिल की क़सम है
और— बरस बाद
मेरी ज़िन्दगी में आया—
यह नागपंचमी का दिन है···

ऐ मेरे दोस्त ! मेरे अजनबी !

एक बार अचानक—तू आया
वक़्त बिल्कुल हैरान
मेरे कमरे में खड़ा रह गया।
साँझ का सूरज अस्त होने को था,
पर हो न सका
और डूबने की क़िस्मत वह भूल-सा गया···

फिर आदि के नियम ने एक दुहाई दी,
और वक़्त ने उन खड़े क्षणों को देखा
और खिड़की के रास्ते बाहर को भागा···

वह बीते और ठहरे क्षणों की घटना—
अब तुझे भी बड़ा आश्चर्य होता है
और मुझे भी बड़ा आश्चर्य होता है
और शायद वक्त को भी
फिर वह ग़लती गवारा नहीं

अब सूरज रोज़ वक़्त पर डूब जाता है
और अँधेरा रोज़ मेरी छाती में उतर आता है…

पर बीते और ठहरे क्षणों का एक सच है—
अब तू और मैं मानना चाहे या नहीं
यह और बात है।
पर उस दिन वक़्त
जब खिड़की के रास्ते बाहर को भागा
और उस दिन जो ख़ून
उसके घुटनों से रिसा
वह ख़ून मेरी खिड़की के नीचे
अभी तक जमा हुआ है…

एक मुलाक़ात

कई बरसों के बाद
अचानक एक मुलाक़ात
हम दोनों के प्राण
एक नज़्म की तरह काँपे…

सामने एक पूरी रात थी—
पर आधी नज़्म
एक कोने में सिमटी रही
और आधी नज़्म
एक कोने में बैठी रही…

फिर सुबह-सवेरे—
हम काग़ज़ के फटे हुए
टुकड़ों की तरह मिले
मैंने अपने हाथ में
उसका हाथ लिया
उसने अपनी बाँह में
मेरी बाँह डाली

और हम दोनों
एक सैंसर की तरह हँसे
और काग़ज़ को
एक ठण्डी मेज़ पर रखकर
उस सारी नज़्म पर
लकीर फेर दी…

क्वाँरी

मैंने जब तेरी सेज पर पैर रखा था
मैं एक नहीं थी—दो थी

एक समूची ब्याही
और एक समूची क्वाँरी···
तेरे भोग की ख़ातिर—
मुझे उस क्वाँरी को क़त्ल करना था
मैंने क़त्ल किया था—
ये क़त्ल,
जो क़ानूनन जायज़ होते हैं,
सिर्फ़ उनकी ज़िल्लत
नाजायज़ होती है।
और मैंने उस ज़िल्लत का
ज़हर पिया था
फिर सुबह के वक़्त—
एक ख़ून में भीगे
अपने हाथ देखे थे,
हाथ धोये थे—
बिल्कुल उस तरह
ज्यों और गँदले अंग धोने थे,
पर ज्योंही मैं शीशे के सामने आयी
वह सामने खड़ी थी
वही, जो अपनी तरफ़ से
मैंने रात क़त्ल की थी
ओ ख़ुदाया!
क्या सेज का अँधेरा बहुत गाढ़ा था?
मुझे किसे क़त्ल करना था
और किसे क़त्ल कर बैठी···

आत्ममिलन

मेरी सेज हाज़िर है
पर जूते और क़मीज़ की तरह
तू अपना बदन भी उतार दे
उधर मूढ़े पर रख दे
कोई ख़ास बात नहीं—
यह अपने-अपने देश का रिवाज है।

ख़ाली जगह

सिर्फ़ दो रजवाड़े थे—
एक ने मुझे और उसे
बेदख़ल किया था
और दूसरे को
हम दोनों ने त्याग दिया था।

नग्न आकाश के नीचे—
मैं कितनी ही देर—
तन के मेंह में भीगती रही,
वह कितनी ही देर
तन के मेंह में गलता रहा।

फिर बरसों के मोह को—
एक ज़हर की तरह पीकर
उसने कांपते हाथों से
मेरा हाथ पकड़ा !
चल ! क्षणों के सिर पर
एक छत डालें
वह देख ! परे—सामने, उधर
सच और झूठ के बीच—
कुछ जगह ख़ाली है···

एक मुलाक़ात

मैं चुप, शान्त और अडोल खड़ी थी
सिर्फ़ पास बहते समुद्र में तूफ़ान था···

फिर समुद्र को ख़ुदा जाने
क्या ख़याल आया
उसने तूफ़ान की
एक पोटली-सी बाँधी
मेरे हाथों में थमाई
और हँसकर कुछ दूर हो गया

हैरान थी पर उसका
चमत्कार ले लिया
पता था कि इस तरह की घटना
कभी सदियों में होती है···

लाखों ख़याल आये
माथे में झिलमिलाएं

पर खड़ी रह गयी
कि इसको उठाकर
अब अपने शहर में
मैं कैसे जाऊँगी ?
मेरे शहर की
हर गली तंग है
मेरे शहर की
हर छत नीची है
मेरे शहर की
हर दीवार चुग़ली है

सोचा अगर तू कहीं मिले
तो समुद्र की तरह
इसे छाती पर रखकर
हम दो किनारों की तरह
हँस सकते थे

और नीची छतों—
और सँकरी गलियों के शहर में
बस सकते थे···
पर सारी दोपहर तुझे ढूँढ़ते बीती
और अपनी आग का
मैंने आप ही घूंट पिया
मैं एक अकेला किनारा,
किनारे को मैंने ढहा लिया,
और जब दिन ढलने को था—

समुद्र का तूफ़ान
समुद्र को लौटा दिया

अब रात घिरने लगी
तो तू मिला
तू भी उदास, चुप,
शान्त और अडोल
मैं भी उदास, चुप,
शान्त और अडोल
सिर्फ़—दूर बहते समुद्र में तूफ़ान····

डेढ़ घण्टे की मुलाक़ात

डेढ़ घण्टे की मुलाक़ात
जैसे बादल का एक टुकड़ा
आज सूरज के साथ टाँका,
उधेड़ हारी हूँ
पर कुछ नहीं बनता
और लगता है
कि सूरज के लाल कुर्ते में
यह बादल किसी ने बुन दिया है।

डेढ़ घण्टे की मुलाक़ात
सामने उस चौक में
एक सन्तरी की तरह खड़ी
और मेरी सोचों का गुज़रना

उसने हाथ देकर रोक दिया
खुदा जाने मैंने क्या कहा था
और जाने खुदा
तूने क्या सुन लिया।

डेढ घण्टे की मुलाक़ात
सोचती हूँ
आदिवासी औरत की तरह
मैं एक चिलम सुलगा लूँ
और डेढ़ घण्टे का तम्बाकू
इस आग में रखकर पी लूँ

इससे पहले
कि मेरी सोच घबराये
और ग़लत मोड़ पर मुड़ जाये
इससे पहले
कि बादल को उतारते
यह सूरज टूट जाये
इससे पहले
कि मुलाक़ात की याद
एक नफ़रत में बदल जाये

डेढ़ घण्टे का धुआँ
कुछ मैं पी लूँ,
कुछ पवन पी ले
इससे पहले
कि इसका लफ्ज
मेरी या तेरी ज़बान पर आये
इससे पहले

कि मेरा या तेरा कान
इसके ज़िक्र को सुने…

और इससे पहले कि मर्द—
औरत-ज़ात की तौहीन बन जाये
और इससे पहले कि औरत—
मर्द-ज़ात की हतक का कारण बने
इससे पहले…इससे पहले…

एक घटना

तेरी यादें
बहुत दिन बीते जलावतन हुईं
जियीं कि मरीं—कुछ पता नहीं।

सिर्फ़ एक बार—एक घटना घटी
ख़यालों की रात बड़ी गहरी थी
और इतनी स्तब्ध थी
कि पत्ता भी हिले
तो बरसों के कान चौंकते।

फिर तीन बार लगा
जैसे कोई छाती का
द्वार खटखटाता
और दबे पाँव
छत पर चढ़ता कोई

और नाखूनों से
पिछली दीवार को कुरेदता

तीन बार उठकर
मैंने सांकल टटोली
अँधेरे को जैसे
एक गर्भ-पीड़ा थी
वह कभी कुछ कहता
और कभी चुप होता
ज्यों अपनी आवाज़ को
दाँतों में दबाता
फिर जीती-जागती एक चीज़
और जीती-जागती आवाज़

"मैं काले कोसों से आयी हूँ
प्रहरियों की आँख से
इस बदन को चुराती
धीमे से आती
पता है मुझे
कि तेरा दिल आबाद है
पर कहीं वीरान सूनी
कोई जगह मेरे लिए !"

"सूनापन बहुत है पर तू"
चौंककर मैंने कहा—
"तू जलावतन—
नहीं, कोई जगह नहीं
मैं ठीक कहती हूँ—
कि कोई जगह नहीं तेरे लिये

यह मेरे तर्क,
मेरे आक़ा का हुक्म है !"

और फिर जैसे
सारा अँधियारा काँप जाता है
वह पीछे को लौटी
पर जाने से पहले
कुछ पास आयी
और मेरे वजूद को
एक बार छुआ
धीरे से
ऐसे, जैसे कोई
वतन की मिट्टी को छूता है

चैत

चैत ने मेरा द्वार खटखटाया
आज का गीत इस तरह बना
जैसे इश्क के बदन पर
अक्षरों का कुछ पसीना आया।

कलम दोशीज़ा के होंट कुम्हला गये
आज का गीत इस तरह बना
जिस तरह उसकी आँखों में
हर्फों के कुछ आँसू आ गये।

दिल के सारे वर्क़ पलट लिये
आज का गीत इस तरह बना
जैसे खामोशी के जख्मों से
लफ्ज़ों के कुछ टाँके खुल गये।

इस साहूकार से जाने कबका हिसाब है,
कितने ही हादसे झेल चुकी हूँ
फिर भी रकम बढ़ती जाती है
यह लेखा-जोखा अब कौन करेगा !

बहीखाता लेकर चैत आ गया
ज़मीन की दायीं आँख फड़की
आज मौत के कोरे कागज़ पर
जिन्दगी ने अँगूठा लगा दिया।

शिकवा

मैं अपने मरद से मिलती हूँ
जैसे खेत से एक गाजर
या मूली तोड़कर
कोई भूख को बहला लेता है
या जैसे कोई बहुत प्यासा
एक नंगे दरिया से
घूंट भर पानी पी लेता है।

हाँडी तो घरों में पकती है
सहज रिझती है
और उसे मांस की एक छत चाहिए···

खुदाया तूने एक ही बदन दिया
मेहनत की मिल जैसा
चिन्तन की चौपाल जैसा
कर्म की सडक जैसा
और तू दिन-रात कामों का हिसाब देखता।

ओ, मिल के मालिक
तू मांस की एक कोठरी तो देता
कि जिसकी ओट में
मैं घड़ी भर अलसाती
पैरों को मांजती
एड़ियों को कूजती
उबटन लगाती
और कुछ निश्चिन्त होकर
मैं अपने मरद से मिलती
ओ खुदाया···।

कर्ज

औरत और मरद की
एक नक़द मुलाकात से
आज उधार के रिश्ते ने

जनम लिया है
और मैं एक कर्ज़ाई
उसके चेहरे की ओर देखे जा रहा...
यह रिश्ता एक बहुत बड़ी रकम है
और मैं रूह के अँधेरे में भटकता
किसी अगले जनम की
बही को खोज रहा हूँ।

एक मरद के बदन से चिनगारी लेकर
एक औरत की ओख की ओट में
तूने आग की एक देह पायी है
और मैं—वह मर्द
जो गीली लकड़ियों के वंश का है
उसके लिए यह कर्ज़ बहुत भारी है।

मैं जो धुएँ के महल में रहनेवाला हूँ
एक पल की चिनगारी का गुनाह कर बैठा
और अब बुझी हुई लकड़ी-सा
एक कोने में पड़ा हूँ
और सिर्फ़ यह कहने के लिए उठा हूँ
(देखो मैं बात करता हूँ
तो मुँह से कोयले की राख झरती है)

सुनो यह मेरी ठण्डे मास की दुनिया
यहाँ आग को कलावा नहीं बँधता
और तेरे साथ जो एक लोरी का करार है
समझ लेना
कि वह भी एक आग से
एक बुझी हुई लकड़ी का उधार है।

पुल

कल हम दोनों ने
एक पुल जलाया था
और एक दरिया के
किनारों की तरह नसीब बाँटे
बदन झटके
तो एक बदन की वीरानी
इस किनारे थी
और एक बदन की वीरानी
उस किनारे···

फिर ऋतुओं ने जब भी
कुछ फूल दिये
तो तूने भी अपने बदन से
तोड़ दिये
और मैंने भी वे फूल
ऋतुओं को लौटा दिये
और झरे पत्तों की तरह
कितने ही बरस
हमने पानी में बहा दिये।

बरस बीत गये
पर पानी नहीं सूखा
और बहते हुए पानी में
परछाइयाँ तो देखीं

पर एक दूसरे का
चेहरा नहीं देखा ।

और इससे पहले
कि हम कुछ फासले पर खड़े
ख़तम हो जायें
चलो ये निपातें से बदन
पानी पर बिछायें
तुम अपने बदन पर पैर रखना
और आधे दरिया को
पार कर आना
मैं अपने बदन पर पैर रखूँगी
और तुम्हें
आगे आकर मिलूँगी ।

दोस्त

दोस्त ! तुमने ख़त तो लिखा था
पर दुनिया की मार्फ़त डाला
और दोस्त ! मोहब्बत का ख़त
जो धरती के नाप का होता है
जो अम्बर के नाप का होता है
वह दुनियावालों ने पकड़कर
एक क़ौम जितना कतर कर
क़ौम के नाप का कर डाला…

और फिर शहरों में चर्चा हुई
वह तेरा ख़त जो मेरे नाम था
लोग कहते हैं
कि मज़हब के बदन पर
वह बहुत ढीला लगता
सो ख़त की इबारत को उन्होंने
कई जगह से फाड़ लिया था···

और आगे तू जानता
कि वे कैसे माथे
जिनकी समझ के नाप
हर अक्षर ही खुला आता
सो उन्होंने अपने माथे
अक्षरों पर पटके
और हर अक्षर उधेड़ डाला था···

और मुझे जो ख़त नहीं मिला
पर जिसकी मार्फ़त आया
वह दुनिया दुखी है—कि मैं
उस ख़त के जवाब जैसी हूँ···

वारिस शाह से !

आज वारिस शाह से कहती हूँ—
अपनी क़ब्र में से बोलो !

और इश्क़ की किताब का
कोई नया वर्क़ खोलो !

पंजाब की एक बेटी रोयी थी
तूने उसकी लम्बी दास्तान लिखी,
आज लाखों बेटियाँ रो रही हैं
वारिस शाह ! तुमसे कह रही हैं :

ऐ दर्दमन्दों के दोस्त,
पंजाब की हालत देखो
चौपाल लाशों से अटा पड़ा है,
चनाब लहू से भर गया है

किसी ने पाँचों दरियाओं में
ज़हर मिला दिया है
और यही पानी
धरती को सींचने लगा है

इस ज़रखेज़ धरती से
ज़हर फूट निकला है
देखो, सुर्खी कहाँ तक आ पहुँची !
और क़हर कहाँ तक आ पहुँचा !

फिर ज़हरीली हवा
बन-जंगलों में चलने लगी
उसमें हर बाँस की बाँसुरी
जैसे एक नाग बना दी

इन नागों ने लोगों के होंट डस लिये
फिर ये डंक बढ़ते चले गये

और देखते-देखते पंजाब के
सारे अंग नीले पड़ गये

हर गले से गीत टूट गया,
हर चरखे का धागा टूट गया
सहेलियाँ एक-दूसरे से बिछुड़ गयीं,
चरखों की महफिल वीरान हो गयी

मल्लाहों ने सारी किश्तियाँ
सेज के साथ ही बहा दीं
पीपलों ने सारी पेंगें
टहनियों के साथ तोड़ दीं
जहाँ प्यार के नग़मे गूँजते थे
वह बाँसुरी जाने कहाँ खो गयी
और राँझे के सब भाई
बाँसुरी बजाना भूल गये

धरती पर लहू बरसा,
क़ब्रों से खून टपकने लगा
और प्रीत की शहज़ादियाँ
मज़ारों में रोने लगीं

आज जैसे सभी 'कैदो' बन गये
हुस्न और इश्क़ के चोर
मैं कहाँ से ढूँढ़ लाऊँ
एक वारिस शाह और

वारिस शाह ! मैं तुमसे कहती हूँ
अपनी क़ब्र से उठो

और इश्क़ की किताब का
क़ोई नया वर्क़ खोलो !

मजबूर

[1947]

मेरी माँ की कोख मजबूर थी…
मैं भी तो एक इन्सान हूँ
आज़ादियों की टक्कर में
उस चोट का निशान हूँ
उस हादसे की लकीर हूँ
जो मेरी माँ के माथे पर
लगनी ज़रूर थी
मेरी माँ की कोख मजबूर थी

मैं वह लानत हूँ
जो इनसान पर पड़ रही है
मैं उस वक्त की पैदाइश हूँ
जब तारे टूट रहे थे
जब सूरज बुझ गया था
जब चाँद की आँख बेनूर थी
मेरी माँ की कोख मजबूर थी

मैं एक ज़ख़म का निशान हूँ,
मैं माँ के जिस्म का दाग हूँ
मैं ज़ुल्म का वह बोझ हूँ

जो मेरी माँ उठाती रही
मेरी माँ को अपने पेट से
एक दुर्गन्ध-सी आती रही

कौन जाने कितना मुश्किल है
पेट में एक ज़ुल्म को पालना
अंग-अंग को झुलसाना
और हड्डियों को जलाना
मैं उस वक़्त का फल हूँ—
जब आज़ादी के पेड़ पर
बौर पड़ रहा था
आज़ादी बहुत पास थी
बहुत दूर थी
मेरी माँ की कोख मजबूर थी...

दृश्य 1919

जीवन की ये दुश्वारियाँ
मजबूरियाँ, लाचारियाँ
ये जिल्लतें, ये ख़्वारियाँ
ये रेंगती-सी हसरतें
ये दासता की लानतें
ये गुलामों की किस्मतें
इक क़हर था
जो जर लिया

इक सबर था
जो कर लिया
इक ज़हर था
जो पी लिया
इक मौत को भी
जी लिया

छाती में आग जल रही
आँखों से पानी बह रहा
सुनो सुनो सुनो सुनो
यह वक्त क्या कुछ कह रहा
यह वक़्त क्या कुछ सह रहा
यह वक़्त क्या कुछ कह रहा
मैं वक़्त एक सवाल हूँ—
ये गोलियों से छलनी
दीवारों का सवाल
ये हजारों आत्माओं की
पुकारों का सवाल
ये जर्द चेहरे, ये सर्द लाशें
अँधेरा, अँधेरा
और होंटों पर लगा
संगीनों का पहरा
ये घायल उमीदें,
ये जख्मी आवाज़ें
ये खूनी सवेरे,
ये काली दुपहरें
आओ, अब आओ
ये अँधेरा जलाओ
बादशाहियत के आगे,

शहंशाहियत के आगे
ये सर नहीं झुकेगा,
नहीं झुकेगा
ये जवानी का दावा
ये छाती का लावा
ये अब नहीं रुकेगा
नहीं रुकेगा
ये दीवारें, ये कूचे,
ये बरबाद गलियाँ
ये गलियाँ
जो दुखों में पली हैं, दुखों में ढली हैं
और देखो ये गलियाँ—
गुलामी की दुनिया जलाने चली हैं।

दोस्तो !

[17 सितम्बर, 1965]

रात का शिकवा कि दिन जाने को था
मेरी दहलीज़ पार कर
मुट्ठी-भर सितारे चुराकर ले गया

दिन का शिकवा कि रात जाने को थी
मेरी दहलीज़ पार करके
मुट्ठी-भर किरणें चुराकर ले गयी

होंट चाँदी के कटोरे थे
मिसरी का एक टुकड़ा घोलकर—
फिर रात मुसकरायी
और दिन हँस दिया
सितारा कोई कम नहीं
किरणें पूरी-की-पूरी थीं

भेड़ों की चोरी,
चरवाहों की चोरी
बन्दूकों की चोरी,
सिपाहियों की चोरी

यह कैसी चोरियाँ हैं दोस्तो,
ये इल्ज़ाम कैसे हैं !
और राजनीति के हाथ में
ये जाम कैसे हैं !

जो दुनिया का आँगन सजाये
उस हुस्न की चोरी करो !
जो अदब के क़ायदे सिखाये
उस इश्क़ की चोरी करो !
जो जीने की रस्म चलाये
उस इल्म की चोरी करो !
जो इन्सान की किस्मत लिखे
उस क़लम की चोरी करो !

दिल की दहलीज़ पार कर
बाँहों के किवाड़ खोलकर
यह दौलत चुराओ !

होंट चाँदी के कटोरे हैं
मिसरी का टुकड़ा घोलकर
कोई तोहमत लगाओ !
ये सभी दौलतें हैं—
अगर चोरी करो
तो सब चोरियाँ मुबारक !
अगर तोहमत लगाओ
तो सब तोहमतें प्यारी हैं।

शहर

मेरा शहर—
एक लम्बी बहस की तरह है···
सड़कें—बेतुकी दलीलों-सी
और गलियाँ इस तरह—
जैसे एक बात को
कोई इधर घसीटे कोई उधर

हर मकान
एक मुट्ठी-सा भिचा हुआ।
दीवारें—
किचकिचाती-सी
और नालियाँ,
ज्यों मुँह से झाग बहती है···

यह बहस जाने
सूरज से शुरू हुई थी
जो उसे देखकर
यह और गरमाती
और हर द्वार के मुँह से
फिर साइकिलों
और स्कूटरों के पहिए
गालियों की तरह निकलते
और घण्टियाँ हॉर्न
एक-दूसरे पर झपटते···

जो भी बच्चा
इस शहर में जनमता
पूछता कि किस बात पर
यह बहस हो रही है
फिर उसका प्रश्न भी
एक बहस बनता
बहस से निकलता
बहस में मिलता···

शंख घण्टों के श्वास सूखे
रात आती, सिर पटकती
और चली जाती
पर नींद में भी
बहस ख़त्म न होती
मेरा शहर
एक लम्बी बहस की तरह है···

एक नगर

[एक दिन]

मेंह कब का थम चुका है

सारा नगर पल-भर पहले
कीचड़ में गिर गया था
हथेलियों के बल मुश्किल से उठा
किसी शहतीर पर बाज़ू रखता
किसी ईंट पर पाँव टिकाता
कोई बाँस बग़ल में लेता
मुश्किल से कमर सीधी करता
खड़ा होने को जूझ रहा है
मेंह कब का थम चुका है—

यह माथे और कनपटियों से
अभी तक पसीना पोंछ रहा है
इस नगर में भी सपने आते हैं—
सोच के किवाड़ कितने ही भेड़ लो
ये फिर भी अन्दर आ जाते हैं
कहीं कोई संगमरमर की वादी है
ये उसका पता दे जाते हैं

सारा नगर उनका कहा मानकर
नींद में चल देता है
जल्दी-जल्दी दूर भविष्य का
कुछ रास्ता तय कर लेता है

फिर रास्ते में सूरज की
इक ठोकर इसे लगती है
घुटने पर चोट आती है
कुहनियों से ख़ून टपकता है

वर्तमान की बन्द गली
सामने दुःख और भूख की दीवार

रात के समय जिन पैरों
जिस रास्ते पर भी जाता है
सुबह के वक़्त उन्हीं पैरों
उसी रास्ते लौट आता है ।
यूँ हमेशा यहाँ से चलता है
और हमेशा यहीं रहता है···

(और फिर एक दिन)

रात कभी की गुज़र चुकी है
सारा नगर आलती-पालती मारे
इक फ़लसफ़ी की तरह बैठा हुआ है

न कोई बात सुनता है, न कहता है
न इसके माथे पर कोई हर्ष की रेखा है
न ही कोई शोक की रेखा

या तो इसने वर्तमान की
बन्द गली का भेद पा लिया है
और इक फ़लसफ़ी की तरह बैठा हुआ है
या फिर आज मेंह में गिर गया है

मेंह कब का थम चुका है···

एक शहर

[1]

वह फ़सल जो सितारों ने बोयी थी
किसने इसे चोर गोदाम में डाल लिया
बादल की बोरी को झाड़कर देखा,
रात की मण्डी में गर्द उड़ रही है

चाँद एक भूखे बछड़े की तरह
सूखे थनों को चिचोड़ रहा है
धरती-माँ अपने थान पर बँधी
आकाश की चरनी को चाट रही है…

[2]

अस्पताल के दरवाज़े पर
हक़, सच, ईमान और क़द्र
जाने कितने ही लफ्ज़ बीमार पड़े हैं,
एक भीड़-सी इकट्ठी हो गयी है

जाने कोई नुस्ख़ा लिखेगा
जाने वह नुस्खा लग जायेगा
लेकिन अभी तो ऐसा लगता है
इनके दिन पूरे हो गये हैं…

[3]

इस शहर में एक घर है
घर कि जहाँ बेघर रहते हैं

जिस दिन कोई मज़दूरी नहीं मिलती
उस दिन वे पशेमान होते हैं

बुढ़ापे की पहली रात
उनके कानों में धीरे से कह गयी
कि इस शहर में उनकी
भरी जवानी चोरी हो गयी···

[4]

कल रात बला की सर्दी थी,
आज सुबह सेवा-समिति को
एक लाश सड़क पर पड़ी मिली है,
नाम व पता कुछ भी मालूम नहीं

श्मशान में आग जल रही है,
इस लाश पर रोने वाला कोई नहीं
या तो कोई भिखारी मरा होगा
या शायद कोई फ़लसफ़ा मर गया है···

[5]

किसी मर्द के आग़ोश में—
कोई लड़की चीख़ उठी
जैसे उसके बदन से कुछ टूट गिरा हो

थाने में एक क़हक़हा बुलन्द हुआ
क़हवाघर में एक हंसी बिखर गयी

सड़कों पर कुछ हॉकर फिर रहे हैं

एक-एक पैसे में ख़बर बेच रहे हैं,
बचा-खुचा जिस्म फिर से नोच रहे हैं

[6]

गुलमोहर के पेड़ों तले,
लोग एक-दूसरे से मिलते हैं
ज़ोर से हँसते हैं, गाते हैं,
एक-दूसरे से अपनी-अपनी—
मौत की ख़बर छुपाना चाहते हैं,
संगमरमर क़ब्र का तावीज़ है,
हाथों पर उठाये-उठाये फिरते हैं
और अपनी लाश की हिफ़ाज़त कर रहे हैं···

[7]

मशीनें खड़-खड़ कर रही हैं,
शहर जैसे एक छापाखाना है
इस शहर में एक-एक इन्सान
एक-एक अक्षर की तरह अकेला है

हर पैग़म्बर एक कम्पोज़ीटर
अक्षर जोड़-जोड़कर देखता है
अक्षरों में अक्षर बुनता है,
कभी कोई फ़िक़रा नहीं बन पाता··

[8]

दिल्ली इस शहर का नाम है
कोई भी नाम हो सकता है
(नाम में क्या रखा है)
भविष्य का सपना रोज़ रात को

वर्तमान की मैली चादर
आधी ऊपर ओढ़ता है,
आधी नीचे बिछाता है,
कितनी देर कुछ सोचता है, जागता है,
फिर नींद की गोली खा लेता है

तमगे

बहादुर लोग मेरे देश के,
बहादुर लोग तेरे देश के
यह सभी मरना-मारना जानते हैं,
सिरों को वारना जानते हैं
सिर्फ़ यह बात और है
कि सिर कभी अपना नहीं होता

इन्सान की एक लाश होती है
पर ख़ुदा की लाश नहीं होती
और जब भी इन्सान के
भीतरी ख़ुदा का टुकड़ा मरे
उसकी कभी बदबू नहीं आती।

महबूब किसी का कोई नहीं
बिल्कुल रक़ीब का ख़तरा नहीं
और न ही ख़तरा किसी दर्द का···

सिर्फ़ जो लकीर बड़ी है

वह इनका अपमान करती है
ये लकीर को मिटाते
कि लकीर सबके नाप की नहीं होती
सो पूरी विजय निर्विघ्न है
और पूरा जश्न भी निर्विघ्न है

वक़्त मुस्करा रहा है—
और इनकी छाती पर लगा रहा है
नपुंसक बहादुरी के कई तमग़े···

एक सोच

भारत की गलियों में भटकती हवा
चूल्हे की बुझती आग को कुरेदती
उधार लिये अन्न का
एक ग्रास तोड़ती
और घुटनों पै हाथ रखके
फिर उठती है···

चीन के पीले
और ज़र्द होंटों के छाले
आज बिलखकर
एक आवाज़ देते हैं
वह जाती और
हर एक गले में सूखती
और चीख मारकर
वह वीयतनाम में गिरती है···

श्मशान-घरों में से
एक गन्ध-सी आती
और सागर पार बैठे—
श्मशान-घरों के वारिस
बारूद की इस गन्ध को
शराब की गन्ध में भिगोते हैं।

बिलकुल उस तरह, जिस तरह—
        कि श्मशान-घरों के दूसरे वारिस
भूख की एक गन्ध को
तक़दीर की गन्ध में भिगोते हैं
और लोगों के दुःखों की गन्ध को—
        तक़रीर की गन्ध में भिगोते हैं।

और इज़राइल की नयी-सी माटी
या पुरानी रेत अरब की
जो ख़ून में है भीगती
और जिसकी गन्ध—
ख़ामख़ाह शहादत के जाम में है डूबती···

छाती की गलियों में भटकती हवा
यह सभी गन्धें संघती और सोचती—
कि धरती के आँगन से
सूतक की महक कब आयेगी ?
कोई इड़ा—किसी माथे की नाड़ी
        —कब गर्भवती होगी ?
गुलाबी मांस का सपना—
        आज सदियों के ज्ञान से
        वीर्य की बूंद माँगता···

ऐश ट्रे

इलहाम के धुएँ से लेकर
सिगरेट की राख तक
उम्र का सूरज ढले
माथे की सोच बले
एक फेफड़ा गले
एक वीयतनाम जले…

और रोशनी-
अँधेरे का बदन ज्यों ज्वर में तपे
और ज्वर की अचेतना में—
हर मजहब बड़राये
हर फ़लसफ़ा लँगड़ाये
हर नज़्म तुतलाये
और कहना-सा चाहे
कि हर सल्तनत
सिक्के की होती है, बारूद की होती है
और हर जन्मपत्री—
आदम के जन्म की
एक झूठी गवाही देती है।

पैर में लोहा डले
कान में पत्थर ढले
सोचों का हिसाब रुके
सिक्के का हिसाब चले
और मैं आदि-अन्त में बनता

मांस की एक ऐश ट्रे
इलहाम के धुएँ से लेकर
सिगरेट की राख तक
मैंने जो फ़िक्र पिये
उनकी राख झाड़ी थी
तुम भी झाड़ सकते हो

और चाहो तो मांस की
यह ऐश ट्रे मेज़ पर सजाओ
या गांधी, लूथर और कैनेडा कहकर
चाहो तो तोड़ सकते हो—

ज़राबख्तर

मैंने दोस्ती का
ज़राबख्तर पहन लिया है
और नंगे बदन को
अब कुछ नहीं छूता
न दुश्मन का हाथ छूता है
न मेरे दोस्त की बाँहें

मैंने दोस्ती का
ज़राबख्तर पहन लिया है
मैं खुश हूँ,
पर आप यह क्यों पूछते हैं

कि कुछ खुशियाँ
इतनी उदास क्यों होती हैं ?

अभी कुछ उड़ती चिड़ियाँ
मेरे माथे पर बैठ गयी थीं
शायद ज़राबख्तर को—
एक पेड़ की
हरियाली समझकर
पर लोहे के पत्तों को
चोंच मारकर
वे अभी चिचियाई थीं,
और मेरे माथे से उड़ गयी हैं।

बावरी चिड़ियाँ—
ज़राबख्तर भी कभी
चिड़ियों से डरा है ?
पर शायद कोई चोंच
मांस पर भी लगी थी
मेरे माथे का मांस
कुछ दुखता-सा लगता है
वक़्त ने अब गले से
हर वस्त्र उतार दिया है
सिर्फ़ तीन जोड़े ही थे—
एक भूत का
एक वर्तमान का
और एक भविष्य का
और नंगा वक़्त
अब कोने में खड़ा

कुछ लजाया-सा लगता है
या उसकी नंगी पीठ पर
यह जो कुछ सिसकता है
यह मेरी आँखों का अक्स है ?
या उसने अपनी नहीं
मेरी नग्नता को पिया है ?
पर मैं—
मैं तो इस समय नग्न नहीं
मैंने दोस्ती का
ज़राबख़्तर पहन लिया है—

माया

(चित्रकार विंसेण्ट वानगॉग की कल्पित प्रेमिका माया से)

अप्सरा ओ अप्सरा !
शहज़ादी ओ शहज़ादी !
विंसेण्ट की गोरी !
तुम सच क्यों नहीं बनतीं ?

यह कैसा हुस्न और कैसा इश्क़ !
और तू कैसी अभिसारिका !
अपने किसी महबूब की
तू आवाज़ क्यों नहीं सुनती ?

दिल में एक चिनगारी डालकर

जब कोई साँस लेता है
कितने अंगारे सुलग उठते हैं,
तू उन्हें क्यों नहीं गिनती ?

यह कैसा हुनर और कैसी कला !
जीने का एक बहाना है
यह तख़य्यल का सागर
तू कभी क्यों नहीं नापती ?

अप्सरा ओ अप्सरा !
शहज़ादी ओ शहज़ादी !
तेरा खयाल न आर देता है
न पार देता है

सूरज रोज़ ढूंढ़ता है
मुंह कहीं दिखता नहीं
तेरा मुंह, जो रात को
इक़रार देता है

तड़प किसे कहते हैं,
तू यह नहीं जानती
किसी पर कोई अपनी
ज़िन्दगी क्यों निसार करता है

अपने दोनों जहाँ
कोई दाँव पर लगाता है
नामुराद हँसता है
और हार जाता है

अप्सरा ओ अप्सरा !
शहज़ादी ओ शहज़ादी !
इस तरह लाखों ख़याल
आयेंगे, चले जायेंगे

तेरा यह सुर्ख़ ज़हर
कोई रोज़ पी लेगा
और तेरे नक़्श हर रोज़
जादू कर जायेंगे

तेरी कल्पना हँसेगी,
कोई रात-भर तड़पेगा
और बरस के बरस
इस तरह बीत जायेंगे

हुनर भूखा है, ऐ रोटी !
प्यार भूखा है, ऐ गोरी !
तेरे कितने वानगॉग
इस तरह मर जायेंगे !

अप्सरा ओ अप्सरा !
शहज़ादी ओ शहज़ादी !
हुस्न कैसा खेल है
कि इश्क़ जीत नहीं पाता

रात जाने कितनी काली है—
उम्र को भी जला के देख लिया
चाँद-सूरज कैसे चिराग़ हैं
कोई जल नहीं पाता

ऐ अप्सरा ! तुम्हारा बुत
और गेहूँ की एक बाली
वह कैसी धरतियाँ हैं
कुछ भी उग नहीं पाता

हुनर भूखा है, ऐ रोटी !
प्यार भूखा है, ऐ गोरी !
निज़ाम का पेड़ कैसा है,
जिसमें कोई फल नहीं आता···

गली का कुत्ता

कई बरसों की बात है—
जब तू और मैं बिछुड़े
कोई पश्चाताप नहीं
सिर्फ़—एक बात
कुछ समझ में नहीं आती

तू और मैं जब विदा कह रहे थे
और हमारा मकान बिक रहा था
चौके के ख़ाली बर्तन
आँगन में पड़े थे—
        शायद मेरी या तेरी आँखों में देखते,
कुछ औंधे भी थे—
        शायद मुँह छुपा रहे थे।

एक द्वार की लता मुरझायी-सी
शायद मुझसे और तुझसे
कुछ कह रही थी
—या पानी के नल को
उलाहना दे रही थी

यह सब कुछ और इस सरीखा
कभी याद नहीं आता
सिर्फ़ एक बात
कुछ बहुत याद आती है—

कि एक सड़क का कुत्ता—
कैसे और क्या सूंघता
एक ख़ाली कमरे में जा घुसा
और कमरे का द्वार
बाहर से बन्द हो गया
फिर तीसरे दिन—
मकान का सौदा
जब निबट गया
और चाबियों से
हमने नोट बदले
नये मालिक को
हर ताला जब सौंपा
और एक एक कमरा दिखाया
तो एक कमरे में
उस कुत्ते की लाश थी···

मैंने उसका भौंकना
कभी कानों न सुना

सिर्फ़ उसकी बू सूँघी थी
और वही बू अब भी अचानक—
मुझे कई चीज़ों से आती है···

रचना-प्रक्रिया

नज़्म कभी काग़ज़ को देखे
और यूं मुंह मोड़े
ज्यों काग़ज़ पराया मर्द होता है

पर कभी, एक क्वाँरी
जैसे करवे का व्रत रखती है
और उस रात उसे
एक सपना-सा आता है
सहसा कोई मर्दाना अंग छूता है
और सपने में उसका बदन काँपता है

पर कभी आग चाटती
वह चौंक जाती
जाग पड़ती
गदराये अंगों को टटोलती
चोली के बटनों को खोलती
चांदनी के चुल्लू तन पर डालती
और तन को सुखाती का हाथ
सिसक-सा जाता है···

बदन का अँधेरा चटाई-सा बिछता
वह चटाई पर औंधी लेटती
उसके तिनके से तोड़ती
और उसका अंग-अंग सुलग पड़ता
और उसे लगता है
कि उसके बदन का अँधेरा
किसी सबल बाँहों में
टूटना चाहता है

अचानक एक काग़ज़
आगे को बढ़ता है
और उसके काँपते
हाथों को छूता है
एक अंग जलता है
एक अंग पिघलता है
और वह एक अजनबी गन्ध सूंघती
और उसका हाथ
तन में उतर आयी लकीरों को देखता है

हाथ ऊँघता, बदन छटपटाता
और माथे पर पसीना-सा छूटता
एक लम्बी लकीर टूटती
और साँस —
जन्म की और मौत की
दोहरी गन्ध में भीग जाती है

यह सब काली और पतली लकीरें
जैसे एक लम्बी-चीख़ के
कुछ टुकड़े-से होते

वह चुप और हैरान
निचुड़ी-सी खड़ी, देखती
सोचती—
कि कोई अन्याय हुआ है
उसका कोई अंग मर गया है
शायद एक क्वाँरी का
गर्भपात ऐसे ही होता है

एक ख़त

मैं—एक आले में पड़ी पुस्तक।
शायद सन्त-वचन हूँ,
या भजन-माला हूँ,
या काम-सूत्र का एक काण्ड,
या कुछ आसन,
और गुप्त रोगों के टोटके
पर लगता है
मैं इनमें से कुछ भी नहीं।
(कुछ होती ता ज़रूर कोई पढ़ता)

और लगता—
कि क्रान्तिकारियों की सभा हुई थी
और सभा मे जो प्रस्ताव रखा गया
मैं उसी की एक प्रतिलिपि हूँ
और फिर पुलिस का छापा
और जो पास हुआ कभी लागू न हुआ

सिर्फ़ कारंवाई की ख़ातिर
सँभालकर रखा गया।

और अब सिर्फ़ कुछ चिड़ियाँ आती हैं
चोंच में कुछ तिनके लाती हैं
और मेरे बदन पर बैठकर
वे दूसरी पीढ़ी की फ़िक्र करती हैं
(दूसरी पीढ़ी की फ़िक्र
कितनी हसीन फ़िक्र है!)
पर किसी भी यत्न के लिए
चिड़ियों के पंख होते हैं,
पर किसी प्रस्ताव का
कोई पंख नहीं होता।
(या किसी प्रस्ताव की
कोई दूसरी पीढ़ी नहीं होती?)

सिर्फ़ कभी सोचती हूँ
कि सूंघकर देखूं
कि मेरा भविष्य कहाँ है।
और इस फ़िक्र में
मेरी कुछ जिल्द उतरती है
पर जब कुछ सूंघना चाहूं
सिर्फ़ बीटो की गन्ध आती है…
ओ मेरी धरती के भविष्य!
मैं—तेरी वर्तमान दशा!

मैं जनता

रानियाँ पटरानियाँ मैं रोज़ देखती—
हाथों में सुहाग के कंगन
पैरों में कानून की झाँझर
उनकी हथेलियों के लिए
मैं रोज मेंहदी घोलती
कभी कुछ नहीं बोलती
मैं सद्‌गुणी, जानती हूँ
उनका अनुसरण करना बड़ा अवगुण है

मेरी सेज वह नहीं
पर सेज का स्वामी वही है
मैं अँधेरे की सेज भोगती
या सेज का अँधेरा भोगती
कोख मेरी बाल जनती है
पर वारिस नहीं जनती
बाल मेरे बड़े निरीह हैं
सद्‌गुणी, जानते हैं—
हक माँगना बड़ा अवगुण है
बाल मेरे चुपचाप जवानी काट लेते हैं
और सेवा में लगे रहते हैं
किसी-न-किसी देशरत्न की
मैं जनता—
चुपचाप बुढ़ापा काट लेती हूँ
आँख का इशारा समझती
एक अच्छी रखैल अपने वतन की···

बरफ़ लगातार पड़ रही है

बरफ़ लगातार पड़ रही है…
बरफ़ ज़मीन पर भी पड़ती है
और ज़मीर पर भी पड़ती है
ज़मीन पर पड़ती
तो पत्थर की तरह सख़्त होती है
और हर एक राह-गुजर
फिसल-फिसल जाता है…
पर ज़मीर पर पड़ती
तो चौंकती हैरान होती
और उसका अपना बदन
पिघल पिघल जाता है…

एक पूस सिर पर खड़ा है
एक माघ आनेवाला है
दोस्तो आओ कि काँपते हाथों में
एक जादू जगा दो
कि ज़मीर की इस आग में
कुछ और ईंधन लगा दो
दोस्तो आओ कि आज अपनी
आग का तकाज़ा है;
कि ठण्डी आग में जमती हुई
इस दुनिया का तकाज़ा है
दोस्तो आओ कि गले में कसी हुई
शलाखों का तकाज़ा है

दोस्तो आओ कि बर्फ़ में जमी हुई
चीख़ों का तकाज़ा है...

एक पूस सिर पर खड़ा है
एक माघ आनेवाला है
दोस्तो आओ कि आज
राहों की बरफ़ को गला लें
दोस्तो आओ कि छाती की आग को
आँगन में जला लें
दोस्तो आओ
कि बरफ़ लगातार पड़ रही है...

एक ख़त

चाँद सूरज दो दवातें
क़लम ने डोबा लिया
लिखतम तमाम धरती
पढ़तम् तमाम लोग !

साइंसदानो, दोस्तो !
गोलियाँ, बन्दूक़ें
और एटम बनाने से पहले
इस ख़त को पढ़ लेना !

हुक्मरानो, दोस्तो !
गोलियाँ, बन्दूकें

और एटम चलाने से पहले
इस ख़त को पढ़ लेना !

सितारों के हरफ़ और किरनों की बोली,
अगर पढ़नी नहीं आती
किसी आशिक़-अदीब से पढ़वा लेना
अपने किसी महबूब से पढ़वा लेना
और हर एक माँ की यह 'मातृ-बोली' है
तुम बैठ जाना किसी भी ठाँव
और खत पढ़वा लेना किसी भी माँ से

फिर आना और मिलना
कि मुल्क की हद जहाँ है
एक हद मुल्क की
और नाप कर देखो
एक हद इल्म की
एक हद इश्क़ की
और फिर बताना
कि किसकी हद कहाँ है

चाँद सूरज दो दवातें
हाथ में एक कलम लो
इस ख़त का जवाब दो
और दुनिया की खैर-खैरियत के
दो हरफ़ भी डाल दो

—तुम्हारी—अपनी धरती
तुम्हारे ख़त की राह देखती
बहुत फ़िकर कर रही···

हादसा

बरसों की आरी हँस रही थी
घटनाओं के दाँत नुकीले थे

अकस्मात् एक पाया टूटा
आसमान की चौकी पर से
शीशे का सूरज फिसल गया

आँखों में कंकड़ छितरा गये
और नज़र ज़ख्मी हो गयी
कुछ दिखायी नहीं देता
दुनिया शायद अब भी बसती होगी !

वैराग्य

मुद्दत से एक बात चली आती थी
कि वक़्त की ताक़त रिश्वतें देती
इतिहास से चोरी
इतिहास के पन्नों को ख़रीदती

वह जब भी चाहती रही
कुछ पंक्तियाँ बदलती
और कुछ मिटाती रही,

इतिहास हँसता रहा
खीझता रहा,
और हर इतिहासकार को
वह माफ़ करता रहा।

पर आज शायद
बहुत ही उदास है—
एक हाथ उसकी जिल्द को उठाकर
कुछ पन्नों को फाड़ता
और उनकी जगह
कुछ और पन्ने सी रहा है
और इतिहास—
चुपके से उन पन्नों से निकलकर
एक पेड़ के नीचे खड़ा
एक सिगरेट पी रहा है…

एक दृष्टिकोण

सूरज को सारे ख़ून माफ़ हैं।
दुनिया के हर इन्सान का
वह रोज़ 'एक दिन' क़तल करता है
और हर एक उम्र का एक टुकड़ा
रोज़ ज़िबह होता है
इन्सान के इख्तियार में सिर्फ़ इतना है—
कि ज़िबह हुए टुकड़े को
वह घबरा के फेंक दे, और डरे,

या निडर उसे कबाब की तरह भूने, खाये
और साँसों की शराब पीता
वह अगले टुकड़े का इन्तज़ार करे···

राजनीति

सुना है राजनीति एक क्लासिक फिल्म है
हीरो : बहुमुखी प्रतिभा का मालिक
रोज़ अपना नाम बदलता
हीरोइन : हकूमत की कुर्सी वही रहती है
ऐक्स्ट्रा : राजसभा और लोकसभा के मैम्बर
फाइनेंसर : दिहाड़ी के मज़दूर,
कामगर और खेतिहर
(फाइनांस करते नहीं,
करवाये जाते हैं)
संसद : इनडोर शूटिंग का स्थान
अख़बार : आउटडोर शूटिंग के साधन
यह फ़िल्म मैंने देखी नहीं
सिर्फ़ सुनी है
क्योंकि सैन्सर का कहना है—
'नॉट फॉर अडल्स।'

ज़िन्दगी

छह क़दम पूरे और एक आधा
जेल की एक कोठरी
कि इन्सान बैठ-उठ सके
और आराम से सो भी सके।

'ईश्वर' एक बासी रोटी,
'सब्र' अधपका सालन
चाहे तो जी भरकर
वह दोनों जून खा ले।

और जेल के अहाते में
एक जोहड़ 'ज्ञान' का
कि इन्सान हाथ-मुंह धो ले—
(और कुछ मच्छर छानकर)
वह अंजुली भर पी ले।

रूह का एक ज़ख़्म एक आम रोग है

ज़ख़्म की नग्नता से
जो बहुत शर्म आये
तो सपने का टुकड़ा फाड़कर
उस ज़ख़्म को ढांप ले।

इस जेल की यह बात—
कोई कभी न करता

और कोई कभी न कहता
कि दुनिया की हर बग़ावत—
एक ज्वर की तरह चढ़ती
ज्वर चढ़ते और उतर जाते—

काश कभी इन्सान को
आशा का कैंसर न होता···

काज़ान ज़ाकिस

मैंने ज़िन्दगी से इश्क़ किया था···
पर ज़िन्दगी एक वेश्या की तरह
मेरे इश्क़ पर हँसती रही
और मैं उदास
एक नामुराद आशिक़
सोचों में घुलता रहा···
पर जब इस वेश्या की हँसी
मैंने काग़ज़ पर उतारी
तो हर अक्षर के गले से
एक चीख़ निकली
और ख़ुदा का तख़्त
कितनी ही देर हिलता रहा

इमरोज़ चित्रकार

मेरे सामने—
ईज़ल पर एक कैनवस पड़ा है
कुछ इस तरह लगता है—
कि कैनवस पर लगा रंग का टुकड़ा
एक लाल कपड़ा बनकर हिलता है
और हर इन्सान के अन्दर का पशु
एक सींग उठाता है।
सींग तनता है—
और हर कूचा-गली-बाज़ार
एक 'रिंग' बनता है
मेरी पंजाबी रगों में
एक स्पेनी परम्परा खौलती
गोया की मिथ—
बुल फाइटिंग—टिल डैथ—

अमृता प्रीतम

एक दर्द था—
जो सिगरेट की तरह
मैंने चुपचाप पिया है
सिर्फ़ कुछ नज़्में हैं—

जो सिगरेट से मैंने
राख की तरह झाड़ी हैं।

मेरे दोस्त

मेरे दोस्त ! जिसके लिए
तूने समन्दर मथा था
और जिसके लिए
तूने चौदह रतन खोजे थे
उस आदम का अस्तित्व कहाँ है ?
चौदह रतन आज इस तरह खड़े हैं
जैसे चौदह सवालिया जुमले
और आदम का नाम
जिसने भी चुराया है
वही शर्मिन्दा है।

सिर्फ कभी रेवड़ को हाँकती
एक लाठी खड़कती
या अभी बहुमत के मद से
रेवड़ भड़कता
या एक तीसरी श्रेणी भी होती है
अमन और इन्साफ जैसी बात की
'फ्रेंज मांगर'
पर तवारीख जानती है
सुकरात का तसव्वर
जिस सदी में भी जन्मा

दाइयों ने उसे—
घुट्टी की जगह
ज़हर चटा दिया
प्लेटो का यूटोपिया—
दुनिया का नक्शा देखता
कुछ लकीरों में हँस दिया
कुछ लकीरों में रो दिया
नीत्शे का 'सुपरमैन'
अजन्मा मर गया
और कामू का 'मैं'
हर हादसे को देखता
एक हादसा हो गया।

ज़हर ज़हर है
सुकरात को पिलाना पड़े
या अरस्तू को पीना पड़े
या ठण्डी सोच की सूरत में
किसी को जीना पड़े।

और इससे आगे
अनन्त ख़ामोशी है
यह ख़ामोशी जो टूटती नहीं...
मेरे दोस्त आओ
ख़ामोशी की छाती में
हम कीलों की तरह गड़ जायें
'आइनरैंड' जैसे कीलों की तरह
और वक्त आ गया है
कि समन्दर को फिर से मथ लें

और इस बार आदम को
या उसकी सम्भावना को खोज लें।

मेरे इतिहास का एक पात्र लेनिन के नाम!

तू मेरे इतिहास का कैसा पात्र है?

मेरी दीवार के कैलेण्डर से निकलकर
तू रोज़ उसकी तारीख़ बदलता
और मुझे
एक नये दिन की तरह मिलता।

कैलेण्डर से बाहर आकर
तू सड़कों पर चल पड़ता है
तो एक धूप निकल आती है,
और जहाँ भी कोई नर्म कोना है
वह हरे पत्ते की तरह हँसता है
और जहाँ भी कोई मैला-सा टुकड़ा है
वह लज्जित हो जाता है।

पर यह—जो तेरा स्वाभाविक है
इतिहास का अस्वाभाविक कर्म है

इतिहास एक सुख की साँस लेता है
जब भूतकाल में वह बैठता

और बेहद परेशान होता है
जब वर्तमान से वह निबटता
तो इस इतिहास की ख़ातिर—
मैंने जब तुझे कैलेण्डर में क़ैद किया है
और ऊपर देशकाल की मोहरें लगायी हैं
और ऊपर कई इज़्मों की कीलें गाड़ी हैं

पर तू—
मेरी दीवार के कैलेण्डर से निकलकर
फिर उसकी तारीख़ बदलता
और नयी चिन्ता, नयी मुक्ति, हाथ में लेकर
तू मुझे एक नये दिन की तरह मिलता

तेरी—एक नये दिन की—अज़मत
कि मेरे अस्तित्व के एक सघन कोने ने
तेरी इस धूप का एक बोल सुन लिया
और जो इतिहास का अस्वाभाविक कर्म है
पर तेरा स्वाभाविक—
वह मेरा स्वाभाविक बन गया…

नौ सपने

तृप्ता चौंक के जागी,
लिहाफ़ को सँवारा,
लाल लज्जा-सा आँचल
कन्धों पर ओढ़ा

अपने मर्द की तरफ़ देखा
फिर सफ़ेद बिछौने की
सलवट की तरह झिझकी

और कहने लगी :
आज माघ की रात
मैंने नदी में पैर डाला

बड़ी ठण्डी रात में—
एक नदी गुनगुनी थी

बात अनहोनी,
पानी को अंग लगाया
नदी दूध की हो गयी

कोई नदी करामाती,
मैं दूध में नहाई

इस तलवण्डी में यह कैसी नदी ?
कैसा सपना ?

और नदी में चाँद तिरता था
मैंने हथेली पर चाँद रखा, घूंट भरी

और नदी का पानी—
मेरे खून में घुलता रहा
और वह प्रकाश
मेरी कोख में हिलता रहा।

... ...

फागुन की कटोरी में सात रंग घोलूँ,
मुख से ना बोलूँ

यह मिट्टी की देह सार्थक होती
जब कोख में कोई नीड़ बनाता है

यह कैसा जप ? कैसा तप ?

कि माँ को ईश्वर का दीदार
कोख में होता है...

...   .

कच्चे गर्भ की उबकाई
एक उकताहट-सी आयी

मथने के लिए बैठी तो लगा मक्खन हिला,
मैंने मटकी में हाथ डाला
तो सूरज का पेड़ा निकला।

यह कैसा भोग था ?
कैसा संयोग था ?

और चढ़ते चैत—
यह कैसा सपना ?

...   .

मेरे और मेरी कोख तक—
यह सपनो का फ़ासला।

मेरा जिया हुलसा और हिया डरा,

बैसाख में कटनेवाला
यह कैसा कनक था
छाज में फटकने को डाला
तो छाज तारों से भर गया···

···　　　···　　　···

आज भीनी रात की बेला
और जेठ के महीने—
यह कैसी आवाज़ थी ?

ज्यों जल में से थल में से
एक नाद-सा उठे
यह मोह और माया का गीत था
या ईश्वर की काया का गीत था ?

कोई दैवी सुगन्ध थी ?
या मेरी नाभि की महक थी ?
मैं सहम-सहम जाती रही,
डरती रही
और इसी आवाज़ की सीध में
वनों में चलती रही···

यह कैसी आवाज़,
कैसा सपना ?
कितना-सा पराया ?
कितना-सा अपना ?

मैं एक हिरनी---
बावरी-सी होती रही,
और अपनी कोख से

अपने कान लगाती रही।

... ...

आषाढ़ का महीना—
स्वाभाविक तृप्ता की आँख खुली
ज्यों फूल खिलता है,
ज्यों दिन चढ़ता है

"यह मेरी ज़िन्दगी
किन सरोवरों का पानी
मैंने अभी यहाँ
एक हंस बैठता हुआ देखा

यह कैसा सपना ?
कि जागकर भी लगता है
मेरी कोख में
उसका पंख हिल रहा है..."

... ...

कोई पेड़ और मनुष्य
मेरे पास नहीं
फिर किसने मेरी झोली में
नारियल डाला ?

मैंने खोपा तोड़ा
तो लोग गरी लेने आये
कच्ची गरी का पानी
मैंने कटोरों में डाला

कोई रस्म ना रवायत ना,
दुई ना द्वैत ना

द्वार पर असंख्य लोग आये
पर खोपे की गरी—
फिर भी न ख़त्म हुई।

यह कैसा खोपा !
यह कैसा सपना ?
और सपनों के धागे कितने लम्बे !

यह छाती का सावन,
मैंने छाती को हाथ लगाया
तो वह गरी का पानी—
दूध की तरह टपका।

... ...

यह कैसा भादों ?
यह कैसा जादू ?

सब बातें न्यारी हैं
इस गर्भ के बालक का चोला
कौन सीयेगा ?

यह कैसा अटेरन ?
ये कैसे मुड्ढे !
मैंने कल जैसे सारी रात
किरणें अटेरीं···

असज के महीने—
तृप्ता जागी और वैरागी

"अरी मेरी ज़िन्दगी !
तू किसके लिए कातती है मोह की पूनी !

मोह के तार में अम्बर न लपेटा जाता
सूरज न बाँधा जाता
एक सच-सी वस्तु
इसका चोला न काता जाता···"

और तृप्ता ने कोख के आगे
माथा नवाया
मैंने सपनों का मर्म पाया
यह ना अपना ना पराया

कोई अज़ल का जोगी—
जैसे मौज में आया
यूँ ही पल भर बैठा—
सेंके कोख की धूनी···

अरी मेरी ज़िन्दगी !
तू किसके लिए कातती है—
मोह की पूनी···
···   ···   ···

मेरा कार्तिक धर्मी,
मेरी ज़िन्दगी सुकर्मी
मेरी कोख की धूनी,
काते आग की पूनी

दीप देह का जला,
तिनका प्रकाश का छुआ
बुलाओ धरती की दाई,
मेरा पहला जापा···

टोस्ट

कल शीशे की सुराही में
मैंने ख़यालों की शराब भरी थी
ख़याल बड़े सुर्ख़ थे
दोस्तों ने जाम पिये थे
और उन लफ़्ज़ों के टोस्ट दिये थे
जो छाती में नहीं उगते।
वे कौन-से पेड़ों पै उगते हैं
और होंटों के गमलों में
किस तरह आते हैं,
यह सोचने का वक़्त न था
या इस तरह कहूँ
कि सोचने में ख़ौफ़ लगता था
यह लफ़्ज़ों का जश्न था
भुलावों की वर्षगांठ
मैं थी, रात थी, ख़यालों की शराब थी,
और बहुत दोस्त
दोस्त जो कुछ बुलाने पर आये थे,
कुछ बिन बुलाये।
सिर्फ़ एक कोई 'वह' था
जो बहुत बार बुलाने पर भी
नहीं आया था

... ...

अभी सुबह हुई है—
छाती को चीरकर

छाती में सूरज की किरण पड़ी है
अभी मैंने एक सघन वन देखा है
ख़ुदग़र्ज़ियों के पेड़ देखे हैं
और पेड़ों पर आया
अजीब पतझड़ भी देखा है
पतझड़—जो लफ़्ज़ों पर नहीं आता,
सिर्फ़ अर्थों पर आता है
दोस्तों के लफ्ज़ अभी भी गुलाबी हैं
बहार के फूलों की तरह
सिर्फ़ अर्थ झरते देख रही हूँ
और भरे जंगल में
मैं बिल्कुल अकेली हूँ
मैं हूँ, चुप है, एक किरण है
और शीशे की ख़ाली सुराही है

... ...

यह कैसी चुप है
कि जिसमें पैरों की आहट शामिल है
कोई चुपके-से आया है—
चुप से टूटा हुआ—
चुप का टुकड़ा
किरण से टूटा हुआ
किरण का टुकड़ा
यह एक कोई 'वह' है
जो बहुत बार बुलाने पर भी
नहीं आया था।
और अब मैं अकेली नहीं
मैं आप अपने संग खड़ी हूँ
शीशे की सुराही में

नज़रों की शराब भरी है—
और हम दोनों जाम पी रहे हैं
वह टोस्ट दे रहा है उन लफ्ज़ों के
जो सिर्फ़ छाती में उगते हैं।
यह अर्थों का जश्न है—
मैं हूँ, वह है
और शीशे की सुराही में नज़रों की शराब है …

सफ़रनामा

गंगाजल से लेकर वोदका तक,
यह सफ़रनामा है मेरी प्यास का
सादा पवित्र जन्म के
सादा अपवित्र कर्म का, एक सादा इलाज
और किसी महबूब चेहरे को
एक छलकते गिलास में देखने का यत्न
और अपने बदन से
एक बिल्कुल बेगाने ज़ख़्म को भूलने की ज़रूरत

ये कितने तिकोन पत्थर हैं—
जो किसी पानी के घूंट-से गले से उतारे हैं
कितने भविष्य हैं जो वर्तमान से बचाये हैं
और शायद वर्तमान भी—
मैंने वर्तमान से बचाया है

सिर्फ़ एक ख़याल आया

कई बार आता है—
ज्यों कई बार एक सारंगी का गज़—
अचानक किसी राग की छाती में चुभता है,
या चुपचाप एक पियानो—
काले और श्वेत दाँतों में संगीत चबाता है।

एक ख़याल आता है—
पर जैसे कोई मौत का एक घूंट भरे
डरे, और फिर जल्दी से
उस ख़याल की क़ै-सी करे
पर मरे सीनों में भी कुछ साँसें जीती हैं
और अटकी साँसों के साथ मैं कह सकती हूँ
कि हर एक सफ़र सिर्फ़ वहीं शुरू होता है
—जहाँ ये सफ़रनामे ख़तम होते हैं···

अक्षर

एक पत्थरों का नगर था—
सूर्यवंश के पत्थर
चन्द्रवंश के पत्थर
उस नगर में रहते थे

और कहते हैं—
ज़ुल्मी राजाओं का राज था
न राजाओं के कान थे
न प्रजा की आवाज़ थी

और तभी—
वे लोग जब रोये थे
पत्थर के हुए थे

पत्थर के देवता
पत्थर के पुजारी
और मिलन अंग न छूता
और बिरहा भंग न होता

पत्थर के नगर में
सूर्य का घोड़ा हिनकता
पत्थर पर पैर पटकता
बादलों के हाथी चिंघाड़ते
पत्थरों को पैरों से उखाड़ते
रातों का अँधेरा फुंकारता
पत्थरों पर कुण्डली मारता
और तब हाकिमों के हुक्म
दफ़ा एक सौ चवालीस···

और पत्थर सहमकर बैठते
जब दिलों के कोने में
तो छाती के हर्ष-सा
कोई पीला पुष्प-पत्र
या हरित घास का तृण
एक पत्थर से फूटे
ज्यों काँपकर एक ऋषि की
तपस्या टूटे

जीवन बुझता और जलता था

और ऐसे — पत्थरों के नगर में
पत्थरों का वंश बढ़ता था

एक थी शिला
एक था पत्थर
उनका उस नगर में
संयोग लिखा था
उन्होंने मिलकर
एक वर्जित फल चखा था
मैं अब भी बैठूं
तो एक ख़याल आता है
कि मैं भी जो होती एक हरी पत्ती

उनके तन का निःश्वास —
एक हरी कोंपल
तो उनकी छाती मुझे नसीब होती।
सूरज का घोड़ा हिनकता
बादलों के हाथी चिंघाड़ते
और रातों के सर्प
राजाओं के हुक्म फुंकारते
पर उनकी ओट में
मैं सहज ही बैठ जाती
और किसी
ममता की दरार में छुपी रहती
पर शायद वे चकमक पत्थर थे
जो मैले आसमान के नीचे
मैली धरती के ऊपर
एक पत्थरों की सेज पर सोते।
और, पत्थरों की रगड़ में से

मैं आग सरीखी जनमी
— आग की ऋतु में

देह से आग जनमी
तो पत्थर भी काँपा
और शिला भी काँपी
फिर देह की आग
उन्होंने आँचल में डाली,
और धुएँ की घुट्टी
आग को चटाई
हँसी तो हँसी
एक पवनों की दाई
रोये तो रोये
जिसने कोख से जाई :

"पत्थरों की गोद में
आग न खेले
पत्थरों के दुख
होते पत्थरों सरीखे,
पत्थरों की जीभ पर
पत्थरों के छाले
हम धरती के हवाले
तू पवन के हवाले !"
फिर शून्य का आलम
और उन्होंने कुछ न कहा
आँखें मूँदने से पहले
शायद यह भी न देखा
कि एक जनमती आग ने
एक लपट-सी साँस ली

आग के होंटों पर लिखीं
लम्बी-सी साँसें
और आग की हड्डियों में होते
धुएँ-ही-धुएँ

ये बहती हवाएँ
मुझे जहाँ भी ले जातीं
गर्म-गर्म राख
मेरे तन से झरती
और रोज़ मेरी उम्र का
जो भी दिन चढ़ता
मैं उसे अंग लगाती
तो वही वह राख होता
मैं सोचती—
कि धुएँ की लकीर-सी
माथे की लकीर काँपती है ?
क्या माँ की कोख से
चिता की आग जनमती है ?

मैं चिता की आग में जलती
और चिता की आग-सी जलती
पर कभी—
नींद का अंधेरा इस तरह होता
कि सपनों की नीली
लपट सी निकलती
और लगता—
कि चिता की आग,
आग का अपमान है
और किसी सोहनी या ससी

या हीर में जो आग थी
मुझे उसकी पहचान है
और एक सोच-सी आती
कि सिर्फ़ मरघट की आग
आग नहीं होती
यह आग की तौहीन है।
और लगता —
कि पत्थरों के नगर में
जो वारिस की आग थी
यह मेरी आग भी
उसी की जांनशीन है
आग आग की वारिस

पर पत्थरों की नगरी
कोई आग न पाले
छातियों के चूल्हे
कोई आग न जलाये
माथों की भट्टी पर
कोई आग न सेंके
और मेरी जीभ पर उठे
उस आग के छाले

वह पत्थरों के नगरवाले
कहते और कहते —
इस आग को बुझाओ
डालो और डालो
किसी भौंरे में छिपाओ
दो और दो
नाखून गले में दो

जाओ और जाओ
इसे नदी में बहाओ

एक पत्थरों का नगर था
पत्थरों के किनारे
और मातृहीन आग का
कोई सेंक न बाँटे

फिर वही हवा
जिसने गोद में खिलाया
और जिसने मेरी माँ की
माँ की, माँ को जाया
कहीं से दौड़कर आयी
और हाथों में कुछ अक्षर ले आयी

'यह छोटी काली
रेखा न जानना
ये रेखाओं के गुच्छे
तेरी आग के साथी
देख ! अक्षरों का होता
आग का साहस
आग का साहस
आग से बढ़कर'

और इस तरह कहती
वह गुज़र गयी आगे---
'तेरी आग की उमरिया —
इन अक्षरों को लागे !'

सोख्ता

जिन्दगी की असली इबारत क्या थी ?
वह रेशमी खयालों-सी
खुशखत होती थी
पर लहू की तरह तपती हुई
और सपनों की स्याही से
गीली इबारत को
जिस सोख्ते ने सोख लिया था
वह सोख्ता मैं भी हूँ—आप भी
धरती और समाज भी
मज़हब और सियासत भी···
सो असली इबारत के अक्षर
जो अब सोख्ते पर
उल्टे नज़र आते हैं
स्याही के धब्बे से
उन्हें अपनी निगाहों में
उतारकर, सीधा कर
जितनी भी इबारत जुड़े
हम जोड़ सकते हैं···
यह अलग बात है
कि मेरा यह सोख्ता
साठ एक फलांग का टुकड़ा है
और आपका कुछ इससे छोटा।
या इसके करीब होगा
हाँ, धरती और समाज का
या मज़हब और सियासत का

बहुत लम्बा है
पर कई टुकड़ों में फटा हुआ
अगर उनका हिसाब करें
तो लाखों मील बनता है…
हाँ मैं कहने लगी थी कि यह सोख़्ता
मेरा या आपका या किसी का भी
बड़ा चमत्कारी है…
यह मेरी आँखों में
जो उनींदापन दिखायी देता है
यह उल्टा हर्फ़ है
इस हर्फ़ को सीधा करूँ
तो देख सकती हूँ
कि मेरी उम्र का
यह एक हसीन सपना था।

सो इस तरह जिस भी
सोख़्ते पर जितने भी हर्फ़ हैं
वह असली इबारत के उल्टे हैं

यह हर्फ़ जो छाती का अँधेरा है
यह सूरज की धूप होता था
और रूह का आलम
जो अक्सर चीख उठता है
यह खिलते हुए फूल जैसा
खामोश होता था
यह पैरों की बिवाई
राहों की प्यास होती थी
यह हथेलियों की रट्टन
मेहनत की आस होती थी

और माथे की लकीर
जो अब त्योरी-सी नजर आती है
एक बहुत लम्बी सोच होती थी
और बत्तीस दाँतों के नीचे
जो जबान दबी है
वह जिन्दगी को हाँक लगा सकती थी।

ये टूटी हुई लकीरें
और सितारों के साथ
टकराती हुई चीखें
और धरती और समाज के
या मजहब और सियासत के
ये लाखों मील लम्बे जो सोख्ते हैं
—स्याहीचूस…
ये तमाम उल्टी इबारतों से काले हैं

ये सिरों पर लटकते हुए दिन
ये छाती में टूटती हुई रातें
और हर पीढ़ी को
विरासत में मिलती हुई
जख्मों की बातें
और ये जो जवानियों के बंजर
और रेतीले सहरा है
और इनमें नित्य बहते हुए
लहू के दरिया हैं
ये ठण्डी और उल्टी लकीरें हैं
और सोख्ते जो लकीरों से काले हैं
बस यही—
अब असली इबारत के हवाले हैं

वह असली इबारत
तो कब की खो चुकी है···

स्टिल लाइफ़

यह जलियाँवाला—
और उसकी दीवार में
चुपके से बैठे गोलियों के छेद
यह साइबेरिया—
और उसकी ज़मीन पर
चीख़ों के टुकड़े बर्फ़ में जमे
कन्सन्ट्रेशन कैम्प—
इनसानी मांस की गन्ध
भट्टियों की राख में सोयी
यह करागुयेवाच—
जिसकी कुल आबादी
एक पत्थर के बुत में सिमटी
यह हिरोशिमा है—
जो एक कोने में एक फटे हुए
दस्तावेज़ की तरह पड़ा है
और यह प्राग—
जो साँस रोके आज
सैंसर की मुट्ठी में बैठा है।
हर चीज़ चुप और अडोल है
सिर्फ़ मेरी छाती में से
एक गहरी साँस निकलती है

और धरती का हर टुकड़ा
हिल-सा जाता है।

चुप की साज़िश

रात ऊँघ रही है…
किसी ने इनसान की
छाती में सेंध लगायी है
हर चोरी से भयानक
यह सपनों की चोरी है।

चोरों के निशान—
हर देश के हर शहर की
हर सड़क पर बैठे हैं
पर कोई आँख देखती नहीं,
न चौंकती है।
सिर्फ़ एक कुत्ते की तरह
एक जंज़ीर से बँधी
किसी वक़्त किसी की
कोई नज़्म भौंकती है।

मैं

बहुत समकालीन हैं —
सिर्फ़ एक 'मैं' मेरा समकालीन नहीं।

'मैं' बिना मेरा जन्म
पुण्य की थाली में पड़ा
अपराध का एक शगुन है।
मांस में बन्दी हुआ
मांस का एक क्षण है।

और मांस की हर जीभ पर—
जब भी कोई लफ्ज़ आता,
ख़ुदकशी करता,
जो ख़ुदकशी से बचता—
कागज़ पर उतरता,
तो क़तल होता है।

बन्दूक की गोली—
जो एक बार मुझे
हनोई में लगती है
तो दूसरी बार प्राग में लगती है।

और एक धुआं हवा में तैरता है,
और मेरा 'मैं'
अठवांसे बच्चे की तरह मरता है।
क्या किसी दिन यह मेरा 'मैं'
मेरा समकालीन बनेगा ?

मोमबत्ती

मैं एक गिरजे की मोमबत्ती हूं
रोज़ छाती की आग को
पैरों में उतारकर
मैं गिरजे से बाहर जाती हूं

जलती और बुझती
आंखों से गुजरकर
मैं अक्षरों के हुस्न तक
पहुंच पाती हूं
पर अक्षरों का हुस्न
कागज़ की अमानत है
जब कागज़ से बाहर आता है
धरती का बदन छूता है
तोधर के ती लहू में
भीग जाता है
ओ मेरे आज के मसीहा !
तू नहीं मिलता कहीं
तो मैं टिमटिमाती-सी
सिर्फ गोलियों
और बन्दूकों की आवाज सुनती
उस गिरजे में लौट आती
जो अभी भी
किसी देश में नहीं बना···

आदि रचना

मैं—एक निराकार मैं थी

यह मैं का संकल्प था
जो पानी का रूप बना
और तू का संकल्प था
जो आग की तरह नुमायाँ हुआ
और आग का जलवा
पानी पर चलने लगा
पर वह
पुरा-ऐतिहासिक समय की बात है...

यह मैं की मिट्टी की प्यास थी
कि उसने तू का दरिया पी लिया
यह मैं की मिट्टी का हरा सपना
कि तू का जंगल उसने खोज लिया
यह मैं की माटी की गन्ध थी
और तू के अम्बर का इश्क़ था
कि तू का नीला-सा सपना
मिट्टी की सेज पर सोया।
यह तेरे और मेरे मांस की सुगन्ध थी—
और यही हक़ीक़त की आदि रचना थी।

संसार की रचना
तो बहुत बाद की बात है

आदि पुस्तक

मैं थी—और शायद तू भी···

शायद एक साँस के फासले पर खड़ा
शायद एक नज़र के अँधेरे पर बैठा
शायद एहसास के एक मोड़ पर चल रहा।
पर वह
पुरा-ऐतिहासिक समय की बात है···

यह मेरा और तेरा अस्तित्व था
जो दुनिया की आदि भाषा बना
मैं की पहचान के अक्षर बने
तू की पहचान के अक्षर बने
और उन्होंने
आदि भाषा की आदि पुस्तक लिखी।

यह मेरा और तेरा मिलन था
हम पत्थरों की सेज पर सोये
और आँखें, होंट, उँगलियाँ, पोर
मेरे और तेरे बदन के अक्षर बने
और उन्होंने
उस आदि पुस्तक का अनुवाद किया।

ऋग्वेद की रचना
तो बहुत बाद की बात है···

आदि चित्र

मैं थी—और शायद तू भी···

मैं छांव के भीतर थिरकती-सी छाया
और तू भी शायद एक ख़ाकी-सा साया
अंधेरों के भीतर अंधेरों के टुकड़े
पर वह
पुरा-ऐतिहासिक समय की बात है···

रातों और पेड़ों का अंधेरा था
जो तेरी और मेरी पोशाक थी,
एक सूरज की किरण आयी
वह दोनों के बदन में से गुज़री
और परे पत्थर पर अंकित हो गयी।
सिर्फ़ अंगों की गोलाई थी,
चांदनी की नोकें
यह दुनिया का आदि चित्र था,
पत्तों ने हरा रंग भरा
बादलों ने दूधिया, अम्बर ने सलेटी
और फूलों ने लाल, पीला, काशनी।

चित्रों की कला
तो बहुत बाद की बात है···

आदि संगीत

मैं थी—और शायद तू भी···

एक असीम ख़ामोशी थी
जो सूखे पत्तों की तरह झरती
या यूं ही किनारे की रेत की तरह घुलती
पर वह
पुरा-ऐतिहासिक समय की बात है···

मैंने तुझे एक मोड़ पर आवाज़ दी
और जब तूने पलटकर आवाज़ दी
तो हवाओं के गले में कुछ थरथराया
मिट्टी के कण कुछ सरसराये
और नदी का पानी कुछ गुनगुनाया,
पेड़ की टहनियाँ कुछ कस-सी गयीं
पत्तों में से एक झंकार उठी
फूलों की कोंपल ने आँख झपकाई
और एक चिड़िया के पंख हिले
यह पहला नाद था
जो कानों ने सुना था।

सप्त सुरों की संज्ञा
तो बहुत बाद की बात है···

आदि धर्म

मैंने जब तू को पहना
तो दोनों के बदन अन्तर्ध्यान थे,
अंग फूलों की तरह गूँथे गये
और रूह की दरगाह पर
अर्पित हो गये···

तू और मैं हवन की अग्नि
तू और मैं सुगन्धित सामग्री
एक-दूसरे का नाम होंटों से निकला
तो वही नाम पूजा के मन्त्र थे,
यह तेरे और मेरे
अस्तित्व का एक यज्ञ था
धर्म कर्म की कथा
तो बहुत बाद की बात है··

आदि कबीला

मैं की जब रुत गदराई थी
मांस के पौधे पर बौर आया था
पवन के आँचल में महक बंध गयी
तू का अक्षर लहलहाया था

मैं की और तू की छांव में
जब 'वह' आकर निश्चिन्त सो गया
यह 'वह' का एक मोह था
गेहूं का दाना हमने बांट लिया
'वह' सहज था, स्वाभाविक था,
मैं की और तू की तृप्ति

क़बीलों की कथा
तो बहुत बाद की बात है···

आदि स्मृति

काया की हक़ीक़त से लेकर—
काया की आबरू तक मैं थी,
काया के हुस्न से लेकर—
काया के इश्क़ तक तू था।

यह मैं अक्षर का इल्म था
जिसने मैं को इख़लाक दिया।
यह तू अक्षर का जश्न था
जिसने 'वह' को पहचान लिया,
भय-मुक्त मैं की हस्ती
और भय-मुक्त तू की, 'वह' की

मनु की स्मृति
तो बहुत बाद की बात है···

मेरा पता

आज मैंने
अपने घर का नम्बर मिटाया है
और गली के माथे पर लगा
गली का नाम हटाया है
और हर सड़क की
दिशा का नाम पोंछ दिया है
पर अगर आपको मुझे ज़रूर पाना है
तो हर देश के, हर शहर की,
हर गली का द्वार खटखटाओ
यह एक शाप है, एक वर है
और जहाँ भी
आज़ाद रूह की झलक पड़े
—समझना वह मेरा घर है।

०००